公共图书馆智慧服务模式与创新研究

王坤彤　包楚楚　著

延吉·延边大学出版社

图书在版编目（CIP）数据

公共图书馆智慧服务模式与创新研究 / 王坤彤，包楚楚著. -- 延吉：延边大学出版社，2024.9. -- ISBN 978-7-230-07222-9

Ⅰ．G258.2

中国国家版本馆CIP数据核字第2024UG9300号

公共图书馆智慧服务模式与创新研究
GONGGONG TUSHUGUAN ZHIHUI FUWU MOSHI YU CHUANGXIN YANJIU

著　　者：王坤彤　包楚楚
责任编辑：张云洁
封面设计：文合文化
出版发行：延边大学出版社
社　　址：吉林省延吉市公园路977号　　邮　　编：133002
网　　址：http://www.ydcbs.com　　E-mail：ydcbs@ydcbs.com
电　　话：0433-2732435　　传　　真：0433-2732434
印　　刷：廊坊市广阳区九洲印刷厂
开　　本：710mm×1000mm　1/16
印　　张：12.5
字　　数：220 千字
版　　次：2024 年 9 月 第 1 版
印　　次：2024 年 9 月 第 1 次印刷
书　　号：ISBN 978-7-230-07222-9

定价：78.00元

前　　言

随着数字经济的快速发展和信息技术的进步，公共图书馆作为社会知识传播与文化服务的重要载体，正面临前所未有的挑战。传统的图书馆服务模式已难以满足公众日益增长的信息需求与多元化服务需求，因此公共图书馆智慧服务模式与创新研究就显得尤为重要。

在数字经济时代，大数据技术、云计算、人工智能、物联网等先进技术的广泛应用，为公共图书馆管理与服务创新提供了强有力的技术支撑。这些技术不仅极大地丰富了公共图书馆的资源形态，还深刻改变了公共图书馆的服务方式和服务内容。智慧图书馆作为这一变革的产物，以其数字化、智能化、网络化的特点，逐渐成为公共图书馆的发展方向。

智慧图书馆能有效整合各类数字资源，实现资源的共建共享，打破传统图书馆在时间和空间上的限制，为读者提供更加便捷、高效的信息获取途径。同时，智慧图书馆还能借助智能推荐系统、自助服务终端等先进设备，为读者提供个性化、精准化的服务，进一步提升图书馆的服务质量和用户满意度。

然而，公共图书馆在智慧化转型的过程中也面临着诸多挑战，如数字资源的整合与管理、信息安全与隐私保护、服务模式的创新与优化等。因此，加强对公共图书馆智慧服务模式与创新的相关研究，不仅有助于推动公共图书馆事业的持续发展，还能更好地满足公众日益增长的信息需求和文化需求。

笔者

2024 年 8 月

目 录

第一章 公共图书馆概述……………………………………………………1
第一节 公共图书馆简介……………………………………………1
第二节 公共图书馆的核心业务……………………………………6
第三节 公共图书馆的服务…………………………………………24

第二章 公共图书馆智慧服务初探………………………………………39
第一节 公共图书馆智慧服务简介…………………………………39
第二节 公共图书馆智慧服务的内容和形式………………………47
第三节 公共图书馆智慧服务系统的构成…………………………55
第四节 我国公共图书馆智慧服务现状分析………………………58

第三章 公共图书馆智慧服务平台构建…………………………………66
第一节 公共图书馆智慧服务平台构建的基础理论………………66
第二节 基于知识挖掘的公共图书馆智慧服务平台构建…………74
第三节 公共图书馆云服务平台的构建……………………………78

第四章 公共图书馆个性化智慧服务模式………………………………88
第一节 公共图书馆个性化智慧服务的特征和意义………………88
第二节 公共图书馆个性化智慧服务的内容………………………92

第三节　公共图书馆个性化智慧服务技术……………………103
   第四节　公共图书馆个性化智慧服务的问题及改进策略………116

第五章　"互联网＋公共图书馆"智慧服务模式……………124

   第一节　"互联网＋公共图书馆"智慧服务概述……………124
   第二节　"互联网＋公共图书馆"智慧服务理念……………133
   第三节　"互联网＋公共图书馆"智慧服务的条件……………143

第六章　公共图书馆智慧服务模式创新探究………………161

   第一节　公共图书馆智慧服务模式创新面临的问题…………161
   第二节　公共图书馆智慧服务模式创新策略…………………169
   第三节　公共图书馆智慧服务模式创新——有声阅读推广………187

参考文献………………………………………………………193

第一章 公共图书馆概述

第一节 公共图书馆简介

公共图书馆是与人民大众关系最为密切的一种图书馆。公共图书馆是由政府投资兴办或由社会力量支持兴办的、向社会公众开放的图书馆，是人们进行知识资源收集、存储、加工和研究的公共文化空间和社会教育设施。因此，公共图书馆又被称为"知识的宝库""公共文化空间""第三空间""第二起居室""没有围墙的学校""文化信息中心"等。

一、公共图书馆的定义和特征

（一）公共图书馆的定义

公共图书馆是社会发展到一定阶段的产物。国际图书馆协会联合会（IFLA）2010年修订的《公共图书馆服务指南》将公共图书馆定义为：由社区通过国家、地方政府或其他社区组织建立、支持和资助的图书馆；它向一个社区的所有成员，不管其种族、国籍、年龄、性别、宗教、语言、身体条件、经济及就业状况如何，平等开放；向社区成员提供各类资源和服务，使他们可以获取知识、信息及创作类作品。

上述定义包含了三个基本内涵：公共图书馆是一个社区设施，由社区建立、支持并为社区所拥有。这里的"社区"指一个地区及居住在那里的人，既可以是一个小镇，也可以是一个城市，与我国城市街道所辖"社区"并非同一概念。之所以说公共图书馆是一个社区设施，且为社区所拥有，是因为它的建设及运营资金通常来源于社区居民缴纳的地方税收，即社区居民是公共图书馆的实际出资人。简单来说，公共图书馆是在国家、地方政府或其他社区组织的安排、协调和管理下建设起来的，或者说是社区委托国家、地方政府或其他社区组织建设的。公共图书馆需向所在社区的全体居民平等地提供各类资源和服务，以保证公众能够获取其需要的知识、信息和文学艺术类作品。

公共图书馆由社区建立、支持和拥有，并向社区全体居民平等提供服务的特性，在有些国家表现得比较明显，而在有些国家表现得则不够明显，这与公共图书馆经费的拨付方式有关。一般说来，在按比例从特定税种（如物业税）中支付公共图书馆经费的国家，公共图书馆的上述特性表现得比较明显。社区居民向哪级政府缴纳相应税种，就享受哪级政府提供的公共图书馆服务，因此居民对自己纳税支持了哪些图书馆，以及自己对哪些图书馆享有"所有权"，都比较清楚；居民甚至可以通过公投决定公共图书馆经费占相关税种的比例及其增减。

在我国，公共图书馆基本是按行政区域建立起来的，受当地政府各级文化部门领导，多建在各级政府所在地。我国的公共图书馆按所属行政区域可分为：国家图书馆、省（自治区、直辖市）图书馆、县（县级市、市辖区）图书馆、乡镇（街道）图书馆、社区（村）图书馆及各级少年儿童图书馆。需要指出的是，我国公共图书馆的经费虽然也来自地方税收，但在操作过程中，主要由当地政府从其统一财政中支付，特定图书馆与特定社区之间的隶属关系不是很明确。

（二）公共图书馆的特征

公共图书馆具有三个明显的特征：公共公益、平等包容和专业化。

1.公共公益

公共图书馆具有公益性，由政府从公共税收中支付相应经费，图书馆则免费为当地居民服务。每个人都具有平等获取知识和信息的权利，而维护公共图书馆的公共供给是保障人人平等获取知识和信息的重要途径。从理论上说，公共图书馆的公共公益性决定了它应该向社会成员免费开放和提供服务。目前，世界各国的公共图书馆几乎都同时提供免费服务和收费服务。免费服务称为基本服务或核心服务，收费服务称为非基本服务或增值服务。

2.平等包容

公共图书馆的平等包容性包括两方面：一是每座公共图书馆向其用户提供平等包容、无差别的服务；二是整个公共图书馆服务体系向全体社会成员提供普遍、均等的图书馆服务。公共图书馆向所有社会成员开放，即公共图书馆普通公共服务空间（需要特殊保护的除外）要在承诺的开放时间内向一切用户开放，不设任何限制，不管用户的阶层、种族、宗教信仰、经济能力、性别、年龄等如何。

3.专业化

公共图书馆的专业化表现在四个方面：一是运用图书馆学的理论、技术和方法，保障读者能有效查询和获取所需知识和信息；二是聘用专业馆员开展智力型业务；三是公共图书馆智力型业务工作需要专业知识的支持；四是依托相关组织的支持，维持并不断提高自身的业务水平。这要求公共图书馆加强与其他类型图书馆的联系，并与相关组织建立联系。这些组织可以将不同类型的图书馆凝聚为一个整体，同时可以在提供交流平台、制定行业标准、组织人员培训、评估服务质量、制定职业道德规范等方面提供支持。公共图书馆的服务对象具有多样性，其需求也具有多样性，因此公共图书馆比其他类型的图书馆更易遭遇争议性问题，更需要职业道德规范的引领。

二、公共图书馆的职能

（一）文献信息保存及传承文化职能

文献信息保存及传承人类文化遗产是公共图书馆最传统的职能，是图书馆产生之初就具备的功能。公共图书馆作为图书馆的重要类型之一，其基本功能是藏书。在漫长的人类发展历史进程中，从甲骨文、简册、版牍，到现代社会的精装书或数据化信息，都是人类文明发展的证明，是历史前进的痕迹。在现代社会，人们更加需要对文献信息进行保存、对人类文明进行传递。公共图书馆作为信息存储、处理和交流的中心，必须具备保存文献信息和传承文化的功能。

（二）社会教育职能

社会教育职能对公共图书馆来说，显得尤为重要。人们常说，公共图书馆是没有围墙的社会大学，是人民的终身学校。这些说法都充分体现了它的教育职能。公共图书馆可开展公益讲座、免费培训、文化展览等多种多样的文化活动，在提高公民文化素养、传播先进文化等方面发挥着重要的作用，有助于人们传承中华优秀传统文化，树立文化自信。

一方面，公共图书馆以文献资料作为先进文化的传播载体，通过向读者提供全面的服务内容，弘扬优秀的、先进的文化，服务于广大的人民群众；另一方面，公共图书馆能为公民提供终身学习和提升自我价值的平台，使终身阅读变成一种社会风尚，从而有效实现其社会教育功能。公共图书馆开展的丰富多样的文化活动，不仅能营造良好的学习环境和文化氛围，还能让更多的公民得到无形的文化滋养，推动社会教育的发展和进步。

（三）文献信息传递职能

图书馆具有中介性，这一性质决定了传递文献信息是公共图书馆的一个重要职能。这一职能一般通过流通部、阅览室和参考咨询部等来实现。在经济全球化进程中，信息技术得到广泛应用。广大公共图书馆从藏书补充、藏书建设、文献资料编目、文献资料流通阅览、信息检索等环节入手，逐步实现了信息资源建设。所以，在信息化、数字化快速发展的今天，公共图书馆作为一个城市的信息交流中心而存在着。在网络建设的基础上，现代公共图书馆由传统形式转变为电子图书馆、虚拟图书馆、数字图书馆、网络图书馆等，现代公共图书馆也逐渐开展了信息资源开发、利用和共享等工作，进一步实现了自身传播科技文化的功能。

（四）开创公共文化空间职能

目前，我国的公共图书馆基本实现了免费开放，并逐步提高了软件设施和硬件设施的建设水平，图书馆功能日益完善。在保留基本借阅功能的基础上，越来越多的城市公共图书馆开始注重打造优美舒适的阅览环境，开设个性化的功能区域，扩充数据资源存储，增加多种多样的文化创新产品和活动场所。作为公共文化空间的典型代表，这样的公共图书馆成了广大读者丰富日常学习生活和开展休闲娱乐活动的公益平台。

为人民群众提供一个能够便捷查询各类文献资料和信息的平台，是公共图书馆的基本功能之一。为了满足读者的需求，公共图书馆要与读者积极互动，了解服务对象的信息需求和遇到的问题。在多种多样的活动中，不同的读者之间也得到了交流和互动的机会，他们不仅能休闲放松，还能发挥自身的主观能动性，实现有效沟通和交流。

当前，作为城市文化发展的代表，一些具有现代审美风格的各大城市的公共图书馆已经逐渐成了城市的文化名片，不仅融入了广大人民群众的日常生活，还具备向其他城市乃至全世界展示城市文化风貌的功能。广大读者表现出的良好的阅读习惯和积极的学习状态，也代表着城市居民的文化素养和精神面貌。

（五）创新的咨询服务职能

公共图书馆是一个供广大读者借阅图书和查询参考资料的重要的公益平台。考虑到其服务时间与一般城市居民的工作时间有冲突，大部分居民可能无法享受到公共图书馆的线下服务。当前，随着互联网技术的发展和智能移动终端的普及，广大公共图书馆也逐渐开发出了咨询服务方面的新功能。当遇到文献信息查询和获取等方面的问题时，人们不仅可以通过图书馆内的自助服务设备解决，还可以通过公共图书馆的专属 App 或网页界面等咨询服务人员。

第二节 公共图书馆的核心业务

一、文献资源建设

文献是公共图书馆工作的基本对象之一（另一个基本对象是用户），也是公共图书馆开展服务的基础。

（一）公共图书馆的文献资源建设

公共图书馆的文献资源建设是指公共图书馆依据自己的目标、任务，通过采访、维护积累文献，形成图书馆文献资源体系的过程。文献资源建设的目的是在不断更新文献的过程中维持一个高效有用的文献资源体系，最大限度地满足目标用户（即所在社区成员）的需求。

公共图书馆的文献资源建设是公共图书馆依据自身的条件、当地经济社会的发展需求和民众的需求，科学地规划和设计馆藏，精心地选择和组织馆藏，规范地评价馆藏，周期性地剔除陈旧和无价值的文献，及时吸收新颖的文献，以确保整个馆藏体系对目标用户产生最大价值。

由于馆藏规划、设计、选择、评价、"剔旧"过程的合理性决定了馆藏体系对用户的价值，因而这些过程必须依据文献资源建设理论和技术来进行。正因为如此，馆藏规划、设计、选择、评价、"剔旧"通常被视为智力型（即专业化）图书馆业务的组成部分。

（二）公共图书馆的文献资源体系和类型

1.公共图书馆的文献资源体系

文献资源建设的结果是形成系统而实用的文献资源体系（也称文献馆）。公共图书馆的文献资源体系是社会文献资源的重要组成部分。与分散在市场、机构及个人手中的文献资源相比，公共图书馆的文献资源体系是馆员根据图书馆的目标任务、当地的经济社会发展需求以及当地民众的需求，经过精心筛选、科学整理并配备多种检索工具而形成的系统的、便于检索和获取的文献集合，其效用远远大于分散状态下的文献效用的总和。

与其他类型图书馆的文献资源体系相比，公共图书馆的文献资源体系是为满足所有社会成员的知识与信息获取需要而建立的，需要考虑和兼顾社会成员在完成正规教育和继续教育、解决日常生活和工作中的问题、了解各类文化、增长见识等不同情境下的知识和信息获取需要。

2.公共图书馆文献资源的类型

现代公共图书馆的文献资源可从不同角度划分为不同的类型。在公共图书馆馆藏建设中，其经常按文献的载体形态、文献的出版形式和用户需求进行划分。

（1）按文献的载体形态划分

按文献的载体形态进行划分，公共图书馆的文献资源可分为印刷型文献、缩微型文献、视听型文献、数字型文献。其中，数字型文献又分为实体的电子型文献和虚拟的网络型文献两大类。前者主要包括随书光盘和单独购置的光盘，后者包括各类数据库、电子报刊、电子图书、文件文档、电子公告、专题讨论栏等。

网络信息的最大特点是打破了地理和时间上的限制，使分布在世界各地不同主机上的信息资源能够方便地被用户利用，但有相当比例的信息处于无序状态，信息内容广泛而杂乱，加工标引差，针对性差，信息来源的可靠性和检索质量难以保证。

（2）按文献的出版形式划分

按文献的出版形式进行划分，公共图书馆的文献资源分为图书、期刊、报纸和特种文献。在现代技术环境下，还出现了与之相对应的电子文献，如电子图书、电子报纸、电子期刊等。其中，特种文献是指出版形式比较特殊的文献资料，主要包括科技报告、政府出版物、会议资料、学位论文、专利文献、技术标准、产品资料等。

（3）按用户需求划分

上述文献类型均是按文献的形式特征来划分的。公共图书馆的文献资源体系还需要考虑其内容结构，以体现公共图书馆的使命。公共图书馆肩负着辅助教育、传播文化、扫盲、培养阅读习惯、促进社会和谐等方面的使命，需要具备与之相应的文献内容。不同的公共图书馆会因为侧重于不同的使命而建设不同的文献资源体系。

一般说来，公共图书馆需要建设丰富的、能够支持成人教育和学校教育的馆藏资源，也要有丰富的通俗读物（如小说、传记）和实用读物（如家居、养生、旅游类图书）。另外，公共图书馆一般需要收集反映地方特色的文献，并形成有自己特色的馆藏资源。很多公共图书馆还承担着收集、陈列和提供地方政府的政策、文件、报告等政府信息的职责。这些文献资源体系的建设要求使得公共图书馆的馆藏资源体系具有显著的综合性、普及性、实用性、地方性和载体形式多样性的特点。

（三）公共图书馆文献资源体系的延伸

公共图书馆的文献资源体系是其开展各类服务、完成各类使命、保障信息公平性的基本资源，但当代公共图书馆也经常会开发益智玩具和工艺展品等非文献馆藏资源或开发网络文献资源，以增强自身的服务能力。这样做相当于延伸了公共图书馆的文献资源体系。

公共图书馆具有较广泛的用户群体。例如，婴幼儿是公共图书馆的重要目标用户，从婴幼儿的认知和心理特点出发，玩具是婴幼儿最好的"阅读"对象，因此公共图书馆有必要收藏一部分安全有益的玩具来满足这一群体用户的需要，从而使他们从小养成利用图书馆资源的习惯。

此外，钱币、奖章、手工艺品、模型、玻璃器皿、陶瓷以及反映地方文化的实物也可能成为公共图书馆的馆藏。例如：日本佐贺县伊万里市市民图书馆除了收集传统的图书资料，还收藏了当地有名的工艺品——伊万里瓷器；澳大利亚新南威尔士州立图书馆陈列了很多玻璃器皿，这些玻璃器皿是当地著名的工艺品。总而言之，凡是与人类文明有关的一切记录及其载体都可以纳入图书馆藏品的范围。这部分馆藏构成了公共图书馆的非文献馆藏资源。

在当前技术条件下，公共图书馆可利用的非馆藏文献主要是指在世界范围内可自由存取的网络文献资源。通常，公共图书馆要处理两类远程获取文献，一类是通过授权购置的馆藏文献（如图书馆购买使用权的数据库）；另一类是通过图书馆工作人员筛选、组织、标识、链接，供本地用户使用的非馆藏文献。后者不仅数量日益庞大，而且种类繁多（如大量的文件文档、公告、专题讨论栏目等），情况复杂且处于无序状态：既有文本文献信息，也有多媒体文献信息；既有有价值的学术信息、教育信息、政府信息、文化信息，也存在大量无用甚至有害和违法的信息。对于公共图书馆来说，这部分文献信息不仅具有不同于传统文献的特征，而且具有不同于传统文献的存在状态，即虚拟状态，这使得它无法像其他实体文献一样按传统方式进行筛选、加工处理、收藏和利用，工作人员必须采用新的方式对其进行筛选、处理和利用。

公共图书馆通过虚拟链接等网络导航方式引导用户利用网络文献信息，相当于拓展了自身的馆藏体系，也使网络文献成为公共图书馆非馆藏文献资源的主体。此外，公共图书馆临时征集的展览用文献，如书画作品、专题文献等也是公共图书馆非馆藏文献资源的一部分，是当地民众获取更多知识信息的一个途径。

二、文献加工整理

（一）文献加工整理的目的

在理想状态下（经费充足，负责馆藏建设的馆员足够专业且他们对用户的需求足够了解），经过图书馆工作人员筛选后入藏的文献应该能够满足当地公众的知识与信息需求，但是如何实现对馆藏文献信息的有效查询仍然是一个需要解决的问题。即使是只拥有几千册藏书的小型公共图书馆，要对其馆藏进行快速有效的查询仍然是困难的。要解决这一问题必须具备两个条件：一是文献的集合必须是有秩序的；二是必须具备快速检索这一集合的工具，即建立文献检索系统。公共图书馆要对文献进行加工、整理，使文献有序化并提供有效的检索工具，以实现对文献快速有效的查询。

（二）文献加工整理的方法

1. 分类法

分类法是指图书馆馆员对人类知识体系进行系统划分，并根据由此建立的知识体系和原则对具体作品及文献进行分类的方法。图书馆是最早对人类知识进行分类组织的机构。公共图书馆的知识分类体系及其类目通常建立在一般知识分类（如哲学家提出的知识分类）体系之上，同时要考虑文献的特征和文献生产的实际状况（如文献多寡）。

目前，世界上应用最广的知识分类体系是杜威十进分类法，我国公共图书馆界进行知识体系分类时主要依据《中国图书馆分类法》。一座公共图书馆通常采用一种知识分类体系，即采用一种具体的分类法来组织自己的文献，将内容相同的文献集中在一起，内容不同的文献区分开来，由此形成一个以学科为基础的有条理的逻辑体系。分类法的主要特点是以学科为中心集中文献，具有较好的系统性。

分类法的作用是多方面的，它既可用来排列、组织实体文献，也可用来组织网上虚拟文献，同时也是编制分类目录和各种书目的依据，还可供图书馆开展分类统计、书目推荐和文献查询等工作。

2.标引法

标引法是对文献的内容进行分析，依据一定的规则用情报检索语言将文献的学科和主题内容揭示出来的方法。公共图书馆通常采用各类情报检索语言（如分类语言、标题语言、叙词语言、本体等）标引文献的主题，以揭示文献的内容。

公共图书馆主要采用分类语言和标题语言或叙词语言标引文献的主题内容。用分类语言标引文献主题内容就是根据图书馆选定的分类法对文献进行主题分析，然后对照选用的分类法将文献归入该分类体系的合适位置，将代表这一位置的分类号赋予该文献。用标题语言或叙词语言标引文献主题内容就是依据一定的标题表或叙词表，先分析作品的主题，再对照词表并按其规定，将若干合适的主题词赋予该文献。

文献标引是建立文献检索系统的重要环节，标引的结果是形成便于从内容的角度查询文献的检索标识。该标识作为书目记录的组成部分，一方面为用户提供了检索途径（图书馆情报学称之为"检索入口"），使用户可以从大量书目记录中查出有关特定内容的所有相关文献；另一方面可与其他标识一起，帮助用户对检索结果的相关性作出初步判断。

3.文献编目法

文献编目法是一种通过对入藏的每一种文献进行主题内容和实体特征描述（图书馆情报学称之为"著录"），以形成揭示和报道馆藏文献的工具——图书馆目录的方法。其中，文献主题内容的描述主要通过上述标引过程来完成；文献实体特征的描述是按照特定的规则、标准和方法，对文献生产过程的特征（如文献的作者、出版者、文献题名）以及文献的状态特征（如文献的长度、印刷形式、开本等）的描述。文献编目的结果是制作一份文献的完整的书目记录，为用户提供检索、确认和获取文献的途径。

对编目过程进行规范的专业工具叫作文献著录条例。文献著录条例首先规定一份书目记录应该包括的著录事项；其次规定每一著录事项应采用的形式（如对一书多名或同名著者等的限定）；最后规定著录事项之间的结构和次序。目前，西文文献编目采用最多的是"英美编目条例"，中文文献编目采用最多的是我国文献著录的国家标准及其分则。

目前，大多数公共图书馆都采用计算机编目，形成机读目录。简单地说，计算机编目就是把描述文献内容的分类号、标题词或序词，以及描述文献实体特征的各个事项转化为计算机可辨认的代码，然后按特定结构将书目信息储存在计算机存储介质上，并以此为基础形成文献的书目记录。

在公共图书馆自动化管理系统中，计算机编目通常被设计为一个独立的编目子系统，采用窗口的形式向编目人员提供有关著录字段的标识，编目人员将有关内容著录在相关字段的空格中即可。由此形成的一条条记录，就构成了公共图书馆馆藏的目录数据库，可提供多途径检索。计算机编目不仅实现了编目自动化，而且使图书馆界的联合编目得以真正实现。

早期（20 世纪 90 年代以前）的计算机编目主要用于生成纸质文献的计算机可读目录。随着计算机和网络技术的发展，网络环境下的数字化文献快速增多。由于这部分文献数量庞大，数量增长迅速，为虚拟形态，需要强大的检索工具才能进行有效查询。用来规定网络资源的描述事项并用特定代码标识这些事项的标准叫作元数据格式，它是机读目录著录格式在网络化环境下的延伸，生成的是数字化文献的"书目信息"（即元数据）。

为适应新的编目环境和需求，实现对包括网络资源在内的各类载体资源的有效描述，并将编目对象扩展到图书馆馆藏之外，21世纪初，世界图书馆界（主要是美国、英国、加拿大、澳大利亚等国的图书馆工作人员）研发了新的国际编目规则——资源描述与检索（RDA），以期用它替代"英美编目条例"，作为文献编目的基本标准。

与以前的"英美编目条例"相比，RDA具有以下突出特点：

①考虑到了数字资源的特点（如缺乏像题名页这样固定的可预期的书目信息源、同一作品存在很多版本、更新速度快等），适用于数字资源编目。

②扩展了适用对象，可描述和检索所有资源，不再局限于馆藏资源。

③采用了国际图书馆协会联合会提出的"书目记录的功能要求"，使得人们可以在目录中看到关于同一著作的所有版本信息（如翻译、节略、不同的物理格式等）。

④可根据需要产生多种输出格式。

4. 文献实体加工法

文献实体加工法是对公共图书馆入藏的每一件实体文献进行系统化、标准化处理的一套方法。这套方法涵盖了多个关键步骤，如馆藏标识确认（加盖藏书章）、排架位置确认（贴上书标——索书号）和唯一性确认（贴条形码）等，旨在确保实体文献在图书馆中的有效管理、便捷检索和长期保存。

（三）文献加工整理的结果

公共图书馆的文献，经过分类、标引、编目和加工整理后，会产生两大结果：一是形成文献的有序集合；二是形成图书馆目录及其他书目工具。

1. 形成文献的有序集合

对于非小说类实体图书馆馆藏，公共图书馆通常以学科类别作为排列依据，即采用分类排架法将文献组织成一个有序的知识体系。一般做法是：先按照分类号的大小依次排列，同类号的文献再依书次号排列，书次号有分类种次号、著者号等。按分类排架法排列的文献集合可帮助工作人员和用户在浏览中发现相关文献。

有些文献也可采用字顺排列，如期刊可按期刊题名字顺排列；有些文献可按文献序号排列，如专利、标准可按专利号和标准号排列。除此之外，公共图书馆还可采取一些特殊的文献组织方式，如国外一些公共图书馆把小说类文献按作者名称字顺单独排列。为了帮助人们阅读，很多公共图书馆会采用赏心悦目的排列方法（如采用旋转书架，将图书封面朝上摆放等），对部分馆藏文献进行展示性摆放，以吸引用户的注意力。

2.形成图书馆目录

图书馆工作人员将公共图书馆收集的文献进行编目，并生成书目记录，然后按一定的秩序编排和管理这些书目记录，即可形成图书馆目录。图书馆目录是揭示、报道、检索馆藏文献的工具。通过它，公共图书馆的用户可以了解馆藏资源，检索到所需的文献，并对文献的相关性作出初步判断。

三、文献提供

（一）文献提供的目的

文献提供服务是公共图书馆最基本的服务。收集、加工、整理是文献被提供、利用的前提条件，提供、利用是收集整理文献的目的。公共图书馆开展文献提供服务、创新文献提供形式，是为了保障读者能顺利获取知识与信息。

（二）文献提供的方式

1.外借

外借就是允许注册用户（或称持证用户）通过一定的手续，在规定的时间内将一定数量的文献带到馆外使用的一种服务方式，主要包括办理借书证、文献外借、文献续借、文献催还及相关工作。公共图书馆一般有相应的外借规定，包括可借阅的文献种类、数量、期限、过期罚款办法、文献遗失补偿办法等。

外借是公共图书馆最基本的业务活动，外借量能反映公共图书馆的基本业务量。因此，很多国家都明确地提出了外借服务的量化指标，并根据这一指标来确定必要的藏书量、购书费以及图书馆工作人员的数量等。为满足用户的不同需求，公共图书馆可同时采用多种形式的外借服务方式，如个人外借、集体外借、馆际互借、预约外借、自助外借、邮寄外借等。

①个人外借。该方式面向个体用户，能满足不同用户对文献千差万别的需求，是一种主要的、基本的外借方式。

②集体外借。该方式面向特定的用户群，如单位、小组、班级等，一人代办，多人使用。

③馆际互借，是公共图书馆之间根据协定相互利用对方馆藏资源以满足图书馆用户需求的文献外借方式。它的主要作用是各馆之间可互通有无，弥补图书馆馆藏资源的不足，以更好地满足读者需求。馆际互借的传统服务方式主要是邮政传递及传真等，现在借助计算机网络可实现实时的馆际互借。通过电子邮件等方式获取文献，公共图书馆能大大降低馆际互借的成本。

④预约外借。用户通过电话或网络向公共图书馆预约某种暂被借出的文献，待该文献还回后，馆员按预约顺序通知用户获取文献。

⑤自助外借。公共图书馆借助现代化的技术和设备向用户提供自助借书服务。一些公共图书馆将这些设备放置在馆外，可不受图书馆开馆时间的限制，提供24小时借书服务，这就延长了图书馆的服务时间，大大方便了用户，也会让用户感到便利。

⑥邮寄外借。《中华人民共和国残疾人保障法》规定，盲人读物邮件免费寄递。图书馆可通过邮局为视障读者邮寄图书。例如，上海图书馆常年为视障读者提供免费邮寄外借服务。

2.阅览

阅览服务是图书馆向注册或非注册用户提供文献和空间以便他们能在馆内使用文献的服务。公共图书馆的阅览服务是一种非常重要的文献提供方式。由于公共图书馆是面向所有人提供平等服务的机构，也是追求文献资源最大化利用的机构，因此应实施免证阅览，使有需要的读者可以自由进出图书馆，随意翻阅图书报刊，真正实现公共图书馆向所有人开放。

文献阅览服务可分为馆外阅览和馆内阅览。馆外阅览需要图书馆提供较多的复本，同时，流通周期也会影响图书文献的利用率；馆内阅览服务在某种程度上解决了馆外阅览带来的问题。馆内阅览除了能给读者提供阅览书刊的服务，还能起到保护珍贵文献、特有文献的作用。公共图书馆馆内一般设有书刊阅览室、多媒体阅览室、特色馆藏阅览室等。目前，我国公共图书馆的电子阅览室也开始实行免费阅览，这意味着人们可以利用图书馆提供的设备浏览网络信息或进行交流，以充分利用互联网上的海量信息。

3.送书上门

送书上门是公共图书馆通过图书流动车、邮寄或专人递送等方式为不能亲自到馆的用户（如偏远用户、残障用户、老年用户、医院用户、监狱用户）提供文献的服务。公共图书馆是向所有社会成员提供服务的唯一图书馆类型，因此上门服务是公共图书馆重要的文献提供形式。

4.文献传递服务

图书馆的文献传递服务通常是指图书馆根据其用户对特定文献的需求，从其他图书馆或商业性文献资料供应机构获取文献，然后提供给用户的一种服务。图书馆馆员还设定了自动跟踪系统，用户可经过筛选、下载，建立自己的数据库。该数据库可供用户重复使用，避免其上网重复查找。文献传递服务能为用户提供资料原文，当用户查找到文献信息却无法获得资料原文时就可以采取这种方式。这种方式便于某一类用户使用，是现在常用的一种获得信息的方式。传统的文献传递服务主要通过实体文献的馆际互借方式来实现，当前的文献传递服务多依赖网上传输。与实体文献的馆际互借相比，网上传输打破了空间距离障碍，使传递过程变得简单而富有成效。

公共图书馆开展的文献传递服务可通过馆际合作关系实现，即用户向当地图书馆提出申请，由当地图书馆向藏有用户所需文献的伙伴图书馆提出文献传递请求，由对方提供所需文献的原件或各种形式的复制品，再由提出申请的图书馆将文献传递给用户。当然，用户也可以不通过馆际合作关系，从其他图书馆或商业机构获取其所需要的文献。

四、信息服务

（一）信息服务的目的

信息服务在我国图书馆界并没有明确统一的定义，在具体使用中可从广义和狭义两个角度来理解信息服务。广义的信息服务是指包括文献提供（外借、阅览等）、信息开发、参考咨询、情报服务在内的一切与文献或信息提供相关的用户服务；狭义的信息服务专指信息开发、参考咨询和情报服务。这里采用的是狭义的信息服务，即更深层次的服务。公共图书馆开展信息服务，是实现其信息保障功能的重要途径，因此许多公共图书馆将信息服务视作核心业务，把解答用户咨询量作为衡量图书馆工作的重要指标。

（二）公共图书馆信息服务的重点领域

公共图书馆信息服务从服务对象的角度可分成两大类：一类是面向个体的大众信息服务；另一类是面向组织的课题式信息服务。联合国教科文组织和国际图书馆协会联合会联合发布的《公共图书馆宣言》将这两类服务分别表述为"保证市民获取各种社区信息""为地方企业、社团群体提供充足的信息服务"。

大众信息服务的主要内容包括工作与职业信息、个人理财信息、有关社区组织和机构的信息、消费信息、政府信息、与工作学习及个人生活相关的所有一般信息；课题式信息服务的主要内容是为各级政府部门、科研机构以及企业制定发展规划、确定和开展研究课题、进行技术攻关等提供针对性的信息或决策依据。对于前者，公共图书馆通常采取信息陈列和咨询解答的方式；对于后者，公共图书馆通常采取课题调研的方式，主要提供综述、述评、专题研究报告、动态分析、社会预测报告等文献。由于个人是公共图书馆的主要用户，因而对于大多数公共图书馆来说，满足个人需要是信息服务的重要目标。

（三）信息服务的形式

1.参考咨询

参考咨询是信息服务的一种形式，是公共图书馆通过向用户提供具体的知识或信息，帮助其解决问题的服务方式，即一对一提供问题解答的服务。公共图书馆的参考咨询服务包括普通咨询服务、政府决策咨询服务、面向科研机构与企业的咨询服务、数字参考咨询服务等类型。

（1）普通咨询服务

包括向导性咨询和辅导性咨询。针对读者提出的馆藏方位和服务区域方位等咨询问题给予向导性解答，并对读者的一般需求进行回应，帮助其更全面地掌握利用公共图书馆资源的方法。

（2）政府决策咨询服务

《中华人民共和国公共图书馆法》（以下简称《公共图书馆法》）明确规定，政府设立的公共图书馆应当根据自身条件，为国家机关制定法律、法规、政策和开展有关问题研究，提供文献信息和相关咨询服务（第三十五条）。公共图书馆为地方政府提供的决策服务主要包括立法决策服务、政治决策服务、经济决策服务等。

立法决策服务是指公共图书馆的参考咨询部门（或立法决策服务部门）以及专门人员解答用户在立法决策活动中提出的各种问题，包括帮助检索、提供文献资料、收集数据等服务行为。近年来，为全国和地方两会服务成为公共图书馆参考咨询工作的重点之一。例如，中国国家图书馆专门成立了"两会咨询服务处"，提供 24 小时咨询服务。在中国国家图书馆的带动下，各地图书馆也开始为两会服务，取得了很好的效果。

（3）面向科研机构与企业的咨询服务

科研机构和企业有着明显的不同，公共图书馆面向二者的咨询服务项目、服务提供方式等都存在差异。

科研机构的咨询需求源于学科研究、技术活动及知识创新等科研工作，公共图书馆必须针对其特定需求，充分考虑学术工作者的信息素养层次，提供依托海量文献资源的、科技含量高的、有利于科研创新的高效咨询服务。面向科研机构的一般咨询服务主要包括事实知识咨询服务、专题咨询服务、相关信息检索服务、文献跟踪服务和综述撰写服务等五类。

企业人员的信息需求层次不一，他们通常需要知悉与本企业良性运行相关的信息，以便使企业利益最大化。公共图书馆要分清企业的规模大小和咨询要求，为企业提供合适的、可解决企业外部问题的、能促进企业发展的有效咨询服务。企业咨询服务以提供情报产品为主。

（4）数字参考咨询服务

数字参考咨询服务，也称虚拟参考咨询服务、网络参考咨询服务、在线参考咨询服务、电子参考咨询服务，是指公共图书馆以人力资源为媒介、以互联网为基础而提供的信息服务。它借鉴了电子商务中在线客户服务的成熟经验，通过数据库查询、电子邮件、Web 表格、在线聊天、共同浏览等形式满足用户的各种信息需求。开展数字参考咨询服务与为科学研究、管理决策提供知识辅助是现代公共图书馆服务的重要工作。

咨询活动中有一部分问题是比较常见、具有一些共性的。针对这些问题，公共图书馆可以建立基本数据库,如果再遇到用户提出的同类问题,相关工作人员可以立刻从数据库中找到答案,从而提高服务效率。

总体而言,公共图书馆参考咨询服务的形式有馆内咨询、电话与网络咨询和联合参考咨询三种:

①馆内咨询。在馆内设置咨询服务台,开展咨询解答服务,包括帮助用户查找和确定馆藏资料的位置;辅助用户解释查到的资料;利用馆藏资源和网上资源(或知识库)解答用户提出的问题;对图书馆无法解答的复杂问题,为用户指明能解答其问题的其他机构,如政府相关部门、专业协会或组织、商业信息机构等。

②电话与网络咨询。设立电话咨询专线和网络咨询台,解答不能或不愿到馆咨询的用户提出的问题。这种咨询服务形式打破了空间的限制,大大方便了用户。另外,图书馆还可通过网络将一些常见问题归纳起来,公布到网页上,供用户随时参考,用户也可以随时提出问题。一些公共图书馆会提供24小时咨询服务,即时解答用户咨询;还有一些图书馆则会提供限时解答服务(如3天内或一周内解答)。通过计算机网络系统,相关工作人员能够在线与用户进行即时的文字交流,及时解答用户有关图书馆资源与服务的相关提问,为他们实时提供个性化信息咨询服务。

③联合参考咨询。联合参考咨询是指公共图书馆与公共图书馆之间利用各自的人才优势和资源优势为用户提供参考咨询服务。许多公共图书馆都提供网上联合参考咨询服务,此举提高了公共图书馆的服务能力,扩大了公共图书馆的服务范围。

2.信息陈列

信息陈列是指公共图书馆为当地政府部门或公共机构的信息产品提供陈列空间,并对这些信息进行一定程度的管理,方便人们获取和有效利用相关信息。例如,一些公共图书馆会专门设立政府信息查询点,搜集陈列地方政府各部门的发展规划,重大项目建设方案,各种法令、法规、政策文件,以及其他公共服务机构或公益性组织编辑的有关其职能和服务的信息产品(宣传册等）。这种形式的信息服务需要图书馆定期联络政府部门和公益性机构，以获取信息并提供合适的空间来陈列信息、设置专职或兼职人员对信息进行维护整理、对潜在用户进行宣传。由于对加工深度要求不高且不需要额外的购置费用，信息陈列是一种相对容易开展的信息服务。

3.定题服务

定题服务是指针对用户所委托的特定课题，通过检索该主题已经公开出版的文献并进行综述性研究，以提供个性化的分析报告（包括数据统计、发展趋势等），为用户决策提供直接参考的情报服务。比较典型的定题服务有科技查新服务、市场分析服务、媒体监测服务、竞争情报服务等。这类服务经常需要图书馆与其他组织进行合作。

例如，科技查新是查新机构根据查新委托人提供的有关科研资料，通过计算机检索，对比、综合分析最具新颖性、先进性和实用性的文献依据，查证其研究的结果是否具有新颖性、是否具有研究价值，并得出结论。这些结论可以为科研立项、评估、科技成果的鉴定、验收奖励、专利申请等提供客观依据。查新机构一般具有丰富的文献信息资源和先进的计算机网络系统，掌握大量的前沿知识。

4.信息推送

信息推送是指针对特定的用户群体所关注或感兴趣的某一主题或某一领域，通过信息摘编等形式定期通报最新信息的一种服务方式，是一种跟踪服务。例如，公共图书馆可跟踪行业的最新发展情况，向企业或其他组织的决策者定期通报最新的有关特定产业、竞争对手、科学技术或其他专题的信息，帮助他们获取最新信息。

五、读者活动

（一）公共图书馆开展读者活动的目的

公共图书馆开展的读者活动是指公共图书馆面向目标用户开展的除文献提供和信息服务之外的活动，如阅读促进活动、社区活动、讲座、培训等。开展读者活动一方面是为了帮助民众养成阅读习惯、宣传图书馆的资源与服务，让更多的人成为图书馆的用户；另一方面是为了丰富社区成员的文化生活，使社区成员能够在非正式场合进行交流，帮助他们融入社区生活，也使图书馆成为社区中心，成为"社区的第二起居室"。公共图书馆开展的读者活动与其肩负的文化传播、社会教育、促进社会和谐等多项使命有关。

（二）公共图书馆开展的读者活动的类型

1.阅读促进活动

阅读促进是公共图书馆界为培养读者阅读兴趣、提高社会阅读量而策划和开展的图书宣传活动。公共图书馆开展阅读促进活动，一方面是出于对阅读的社会价值持有的坚定信念；另一方面是为了发挥专业优势。此外，从公共图书馆的发展策略来看，用户资源是公共图书馆持续发展的重要资源，促进社会阅读可以壮大图书馆的用户队伍。因此，全力促进和推动社会阅读，培养全民阅读意识，使他们养成终身阅读的习惯，不仅是公共图书馆的使命，也是公共图书馆的发展策略。

公共图书馆通常针对不同年龄段读者的特点和需求来策划阅读促进活动，比如特别重视儿童的早期阅读。儿童的早期阅读活动，开展形式丰富多样，如故事会、情景阅读（童话剧、课本剧表演）、阅读辅导、书目推荐、经典诵读、作家讲座、读书俱乐部、书展等。总之，公共图书馆设计的阅读促进活动要以培养人们的阅读兴趣为宗旨，这样才能形成爱书、读书的社区文化，达到开展阅读促进活动的根本目的。

2. 社区活动

社区活动是指公共图书馆针对辖区成员开展的并不一定与文献资料的利用直接相关的各类文化和交流活动，如展览、表演、合唱、吟诵等，也可为社团的自发活动提供活动场所。公共图书馆是社区的重要公共场所，在图书馆开展社区活动，旨在促进社区成员间的交流，让他们形成社区归属感，促进社区文化特色的形成。在当今社会，开展社区活动，丰富社区居民的文化生活，有利于促进文化的融合，进而有利于社会的和谐与稳定。

3. 讲座

公共图书馆的讲座是指图书馆邀请某一领域的专家学者到馆演讲，与公众面对面互动。公共图书馆的讲座大多是公益性的，旨在为用户提供拓宽视野、获取知识、丰富文化生活的学习和交流机会。讲座涉及的领域相当广泛，包括时事政策解读、文学艺术欣赏、理财投资、法律知识、健康保健等，凡是公众感兴趣的主题都可以成为公共图书馆讲座的内容。

当前，公益讲座已成为我国许多公共图书馆的重要服务内容，一些图书馆还结成了讲座联盟，共享讲座资源。讲座因其知识性、开放性、教育性、互动性等特性，已成为公共图书馆发挥社会教育职能的重要形式，也是公共图书馆开展用户服务的重要载体。

4. 培训

公共图书馆开展的培训有多种形式，如业务培训、用户培训、社会培训和社区培训等。其中，用户培训和社区培训多为公益性的。用户培训的目的是提高用户的信息素养，一方面帮助用户有效利用图书馆的资源和服务；另一方面帮助用户获得数字化技能，从而有效利用互联网等现代信息技术。社区培训的目的是辅助社区成员的继续教育，丰富社区文化生活。

第三节　公共图书馆的服务

公共图书馆的生存和发展根基在于其提供的服务。公共图书馆的服务是一个具有综合性的体系，包括工作内容、工作方法和实践经验等。在概念上，公共图书馆的服务过去称为读者工作或读者服务，随着图书馆服务功能的丰富和服务范畴的扩大，其已发展为"图书馆服务"。

一、公共图书馆的服务内容和特点

在现代社会，公共图书馆服务是一种有着丰富内容和重要意义的工作。它是公共图书馆工作的重要组成部分，是公共图书馆这个组织联系社会与读者的桥梁，是公共图书馆工作的最终价值体现，是公共图书馆工作的出发点和最终目的，也是公共图书馆为社会的物质文明、政治文明和精神文明建设作出应有贡献的重要途径和手段。

现代公共图书馆的服务包括几个共同的结构因素：第一，公共图书馆服务的对象是以读者为主体的各种组织和个人组成的群体；第二，公共图书馆资源是公共图书馆开展服务的基础条件，包括文献信息资源、人力资源、设施资源，以及其他一切可以为社会和个人所利用的资源；第三，公共图书馆的服务以提供文献信息为主，包括其他各种形式的服务；第四，为满足社会和读者需求而采取的各种手段和方式是服务实现的前提条件。

因此，综合起来讲，公共图书馆的服务就是公共图书馆为了满足社会和读者的文献信息等多方面需求，利用自身的资源，采用多种方法所开展的一系列服务活动。

（一）公共图书馆的服务内容

公共图书馆的服务内容包括文献借阅服务和参考咨询服务，前文在介绍公共图书馆的核心业务时已有涉及，不再赘述。本节主要介绍公共图书馆的流动服务、政府信息公开服务和面向特殊群体的服务。

1. 流动服务

流动服务是为远离图书馆和不便来馆的读者及潜在的读者提供文献服务的一种服务方式，也称为移动图书馆或流动图书馆，是公共图书馆开展延伸服务的有效方式。流动服务包括汽车图书馆、流动服务站等多种形式，较为常见的是汽车图书馆，也称为流动服务车。在北欧沿海地区还有图书船，向当地渔民提供服务。

2. 政府信息公开服务

《中华人民共和国政府信息公开条例》（以下简称《条例》）明确界定了政府信息的概念，即"行政机关在履行行政管理职能过程中制作或者获取的，以一定形式记录、保存的信息"。《条例》第二十五条规定："各级人民政府应当在国家档案馆、公共图书馆、政务服务场所设置政府信息查阅场所，并配备相应的设施、设备，为公民、法人和其他组织获取政府信息提供便利。""行政机关应当及时向国家档案馆、公共图书馆提供主动公开的政府信息。"

公共图书馆要设立政府信息查阅中心，在此基础上提供网络信息服务，并不断深化服务内容，提供个性化信息服务，拓展服务途径。与此同时，公共图书馆要以政府信息的可公开性为主导方向，与有关部门密切协作，全面搜集公开信息，在馆内增设布告栏、显示屏、电子查阅点等，以满足读者的查阅需求，同时应定期对读者进行培训，指导其掌握解读政府信息的方法。

3. 面向特殊群体的服务

公共图书馆的宗旨是为所有的社会成员服务，因此其服务也应覆盖各类人群，根据他们的特殊需求提供有针对性的服务。《公共图书馆法》第三十四条规定："政府设立的公共图书馆应当设置少年儿童阅览区域，根据少年儿童的特点配备相应的专业人员,开展面向少年儿童的阅读指导和社会教育活动,并为学校开展有关课外活动提供支持。有条件的地区可以单独设立少年儿童图书馆。"政府设立的公共图书馆应当考虑老年人、残疾人等群体的特点,积极创造条件,提供符合其需要的文献信息、无障碍设施设备和服务等,体现人文关怀。公共图书馆要在建筑设计、网站设计、馆内指示标志设计、文献体系建设、设备配置等方面考虑这些用户的特殊需要。

例如,为视障者开设盲文阅览室并提供送书上门、盲文培训、计算机盲用软件使用培训以及其他有针对性的服务;为少数民族读者提供相应语言的文献资料;为移民和外来务工者提供有关就业机会、培训机会、社会服务机构等方面的信息,帮助他们了解和融入当地社会文化环境。另外,公共图书馆和少儿图书馆应当将少年儿童作为图书馆的重要读者,主动为其提供服务,根据年龄与功能分区开展服务,策划、组织形式各异的少儿阅读推广活动。

需要指出的是,在信息化时代,公共图书馆更注重提供数字化、网络化的服务以及心理服务、管理服务等。以下简要分析心理服务和管理服务。

①心理服务。任何一个服务行业都需要提供心理服务。随着社会的发展,当人们的温饱、物质需求基本得到满足后,心理服务便成为一种需求,因而许多行业都把心理服务纳入了服务范畴。心理服务是在人与人之间的服务交往中实现的。在公共图书馆的服务中,当一个读者询问工作人员关于一本书或一条信息的情况时,"能不能查到"属于功能服务的范畴,而"工作人员是不是主动热情、有礼貌,让读者感到被尊重且高兴、满意"则属于心理服务的范畴。心理服务在公共图书馆的服务中有着重要作用,它体现了公共图书馆工作人员的精神面貌和思想素质,是使读者满意而归的基本保证。

②管理服务。管理服务具有两方面的含义:一方面,公共图书馆有着庞大的读者队伍,读者的文化水平、思想素养各不相同,因此公共图书馆要制定相关措施来规范读者的行为,以确保公共图书馆的馆藏资源、设施设备的安全,并使其得到有效利用。另一方面,公共图书馆员工队伍的知识水平、职业素养也参差不齐。为了保证公共图书馆各项工作科学、有序地开展,公共图书馆各

项服务落实到位、保质保量，公共图书馆要制定一系列管理制度来约束员工的行为。这两个方面的管理都是从维护广大读者利益的角度出发的服务行为，因而可以称其为管理服务。

此外，公共图书馆应当积极主动地参与重点学科建设，这既是促进其自身建设发展的重要途径，也是其办出特色、创建品牌形象的需要。通常来说，重点学科的建设一般有多级专项经费作保障。因此，如何确定重点学科藏书范围、建立重点学科数据库和知识导航系统等将成为许多公共图书馆的重要任务。

（二）公共图书馆的服务特点

现代公共图书馆的服务工作呈现出不同的特点，特别是在网络化时代，网络技术的发展和应用，使得公共图书馆的服务工作向着数字化、网络化和虚拟化的方向发展，公共图书馆的服务观念也随之发生了变化。随着网络时代的到来，作为人类知识宝库的公共图书馆不再只是保存和利用图书的场所，而是逐步成为人类的信息中心。在网络环境下，公共图书馆的地位将大大提高，公共图书馆的服务必将成为公共图书馆建设的重要内容。

在网络环境下，公共图书馆的服务是一种高效的网络化、数字化服务，是现代信息服务的高级形式，它在服务思维、服务内容、服务载体、服务方式、服务中心、服务态度等方面表现出不同的特点。

1. 服务思维的信息化

信息服务思维是开展信息服务工作，确定信息服务策略、方式与模式的基础，是信息服务的灵魂。知识经济的迅速发展以及在网络环境下读者对知识的迫切需要，促使公共图书馆在知识服务层面下功夫，有效地收集、组织、存贮信息资源，根据读者的需要对信息资源进行深层次开发，挖掘其中隐藏的知识，提供解决问题的方法。信息服务的价值主要体现在其为社会经济发展提供服务的知识含量以及信息数量上。

例如，上海图书馆、广东省立中山图书馆等都先后开展了网络参考咨询服务工作，中国国家图书馆和上海图书馆的网上文献传递量也与日俱增。而网上借阅、网上讲座、网上咨询、网上文献提供、网上读者信箱等，已经成为现代公共图书馆不可或缺的组成部分，它们连接着藏书、读者和馆员，从而使网络服务与传统服务互为补充。

2.服务内容的知识化

服务内容的知识化，是指以读者的需要为目标，将公共图书馆服务的工作重点从文献利用转移到知识运用上。强调信息资源的开发与利用，不仅指为读者提供信息线索及相关文献，还包括帮助读者从复杂的信息资源中获取解决现实问题的知识信息，将这些知识信息融合重组为相应的问题解决方案，并将之投入新的产品、服务或管理机制中。

当数字化的技术将传统介质的文献转化为数字信息，并在网络通信技术的帮助下使世界各地的公共图书馆以及其他机构的数字信息连为一体时，人们才能真正感受到资源的无限性，并由此感受到公共图书馆服务空间的无限性。一些馆藏并不丰富但善于利用社会各类信息资源的公共图书馆近年来作出了惊人的成绩，如转变了追求馆藏数量及建筑面积的传统思维，注重服务内容的知识化，使资源共享的思维更加深入人心等。

在原有的文献典藏、知识交流、文化教育以及智力开发等功能的基础上，当代公共图书馆作为终身学校、文化中心、信息枢纽，其相应功能开始显现。虽然这些功能与原有的功能可能有重合的部分，但这些功能却显示出强大的生命力，使公共图书馆的服务空间不断得到拓展，服务平台不断得到扩大，也为服务内容的知识化提供了便利。另外，网络技术的发展为服务内容的知识化提供了众多实现途径，在这样的服务过程中，读者的自主性得到了发挥，个性化服务需求得到了满足。

3.服务载体的网络化

网络环境以数字化资源为基础，以网络技术为手段，实现了跨越时空的资源共建共享。公共图书馆的馆藏不仅包括各类载体的本地数字信息资源，而且包括大量网上的虚拟数字信息资源。互联网的真正价值就在于：它可以通过四通八达的"信息高速公路"快速传递信息资源；它彻底地改变了传统的信息提供方式和获取方式，将分散于不同载体、不同地理位置的信息资源以数字的形式储存起来，并通过网络相互连接，真正实现了信息资源共享。读者可以根据自己的需要，自由地访问那些适合自己的信息资源，这极大地增加了他们的信息资源拥有量，进而提高了整个社会的信息获取能力。

服务载体的网络化，打破了传统公共图书馆的封闭服务思维。它通过局域网和互联网实现了各种数据库资源的共享。通过网络资源的共享，公共图书馆的服务范围在不断扩大，实现了服务的无区域化。无论是在国内还是国外，这种变化趋势越来越明显。目前，我国公共图书馆绝大多数已经联网，这种变化的最终目标为：摆脱"图书馆仅为特定读者群体服务"思想的束缚，面向社会开放；开展多种形式、多种渠道的信息服务，满足民众对信息的需求；更好地为社会各界服务，形成"大图书馆服务于大社会"的局面。

4.服务方式的多元化

在网络环境下，公共图书馆的数字文献服务实现了网络化，读者可以通过网络进行访问、检索和下载。此外，借助数据库，公共图书馆还可为读者提供定题服务、课题查询或追溯服务等。公共图书馆可在网上发布各种文献资源的消息，不断地向读者提供其所需要的信息和知识，读者可以通过任何一个终端查找所需要的信息。当前，公共图书馆不再单纯地采用关键词及逻辑组合的检索方式，读者可通过智能式人机交互的方式来检索信息。

如今，借助信息技术的支撑，公共图书馆的服务方式日益多元化，服务的范围也已延伸至世界各地。读者与公共图书馆馆员之间从来没有像今天这样"天涯若比邻"，虽远隔千山万水，但仿佛近在咫尺，即时的咨询问答等服务方式大大方便了读者的生活。通过公共图书馆，社会可以实现这样的服务愿景：任何读者，在任何时间、任何地点，可以利用网络与任何馆员联系，获得他所希望获得的个性服务。

公共图书馆利用互联网上的虚拟信息开展的信息服务主要包括：利用互

联网上的各类网站和搜索引擎按学科或专题建立网上学科导航站或学科指引库,并将其存放于某一网页,引导读者浏览或检索相关信息;利用互联网上的各类网站和搜索引擎按学科或专题搜集、下载、筛选、分析、重组、整合各类资源以建立专题数据库,然后向特定的读者提供服务,而读者可以不断地与系统进行交互,逐步缩小搜索范围,最终获取自己所需要的文献资料。

5.服务中心的人性化

服务中心的人性化主要体现在公共图书馆管理的人性化上,即公共图书馆在注重信息服务的同时,开始注重对人文环境的建设。

在信息服务方面,公共图书馆在提供传统图书借阅服务的同时,重点加强网络建设,打破时空限制,延长服务时间,拓展服务空间,为各类读者提供便捷的服务;加强信息的收集、加工、组织,提高网络馆藏信息的质量,为读者提供有价值的信息资源。

在人文环境建设方面,公共图书馆有效地利用数字化和网络化技术,扩大读者的学习空间,为读者创建舒适的学习环境,提供资料检索、查找、复印、装订等自助式快捷服务,同时与读者建立有机联系,使读者特别是学生喜欢走进公共图书馆。

6.服务态度的主动化

在网络环境下,公共图书馆的服务已经由传统的被动型服务向主动型服务转变,这种转变已成为现代公共图书馆的主要特征之一。这种转变趋势主要表现在以下三个方面:

一是公共图书馆的服务方式由信息储藏向信息加工和传递转变,为读者提供最新的信息和知识。

二是主动为科研服务,使公共图书馆成为国内外新学科、新领域、新课题、新动态、新技术成果的跟踪者和信息提供者,发挥信息的时效性,为读者特别是科研人员提供及时、准确的服务。

三是主动参与市场竞争。公共图书馆发挥自身的信息优势,改变被动的服务方式,树立市场观念,主动参与市场竞争,根据市场需求,为各种服务对象提供各种信息服务。

总之,方便、快捷是广大读者对公共图书馆服务的基本要求。目前,为读者节约时间已成为公共图书馆的一种服务思维,比如有的公共图书馆提出为读者提供限时服务,尽可能缩短读者在借阅中的等候时间。另外,许多公共图书馆向读者主动提供个性化的、快速的、高质量的、标准化的和规范化的服务,如第一时间为读者提供最新的文献和信息。同时,公共图书馆在读者导引、空间布局、文献提供、网上咨询等环节,不断提高服务效率与质量。

二、公共图书馆的服务理念

在公共图书馆工作中,先进的服务理念是提供优质、高效的图书馆服务的保障。理念是行动的指引。国际、国内的公共图书馆服务理念一直在不断发展、完善。

(一)国际公共图书馆的服务理念

1. 杜威的"读者服务三最原则"

1876年,美国图书馆学家杜威(M. Dewey)提出"读者服务三最原则",即以最低的成本、最好的图书,为最多的读者服务。该原则强调的是图书馆的工作效率。

2. 阮冈纳赞的"图书馆学五定律"

阮冈纳赞(S. R. Ranganathan)是在国际图书馆界有较高威望的图书馆学家。1931年,阮冈纳赞撰写了《图书馆学五定律》一书。在这本享誉世界的图书馆学名著中,他提出了"图书馆学五定律"。

第一定律:"书是为了用的"。阐明了图书馆的性质和任务,指明了图书馆工作的出发点和目的。阮冈纳赞认为,图书馆的主要职能不是收藏和保存图书,而是使图书得到充分利用。

第二定律："每个读者有其书"。要求图书馆的大门向一切人敞开，让每个人都享有利用图书馆的平等权利，真正做到"书为每个人"和"每个人都有其书"。阮冈纳赞认为，要实现第二定律，国家、图书馆主管者、图书馆馆员和读者等四方都应承担起各自的责任。

第三定律："每本书有其读者"。要求为每本书找到其适合的读者。阮冈纳赞认为，图书馆为实现第三定律所采用的主要手段是实行开架制，实行开架制的结果就是大大提高了藏书的利用率。提供参考咨询服务也是实现"每本书有其读者"的一项必要措施。图书馆有必要派遣一批馆员在馆内提供咨询服务，指导读者使用目录、选择图书。这既是图书馆宣传工作的任务，也是图书馆为增加"每本书有其读者"的机会而经常采用的手段。

第四定律："节省读者的时间"。节省读者的时间就是节省社会的金钱，也是增加社会的财富。与闭架借阅方式相比，开架借阅方式则可节省读者在目录中查找图书和等候图书所浪费的时间。第四定律在强调采用开架借阅以节省读者时间的同时，还强调通过科学排架、目录工作、参考咨询服务、出纳系统、馆址选择等多种途径来节省读者的时间。

第五定律："图书馆是一个生长着的有机体"。作为一种机构的图书馆就是一个生长着的有机体，图书馆正是由藏书、读者和馆员三个生长着的有机部分构成的结合体。阮冈纳赞在论著中指出，人们无法完全预料图书馆这个生长着的有机体的发展还将经历哪些阶段，也无法预言图书馆传播知识这一重要功能是否能通过印刷图书以外的手段来实现。但至少人们已经看到了各种不同类型的图书馆从图书馆这个有机体中分化出来了，而且人们也有理由相信，作为全球性知识传播工具的图书馆的基本原则将一定会贯穿于图书馆未来的发展过程中。

"图书馆学五定律"提出后被国际图书馆界誉为"我们职业最简明的表述"，其精髓至今还对图书馆工作具有积极的指导意义。之后，美国学者戈曼（M. Gorman）于1995年出版了《未来的图书馆：梦想、狂想与现实》一书，提出了新的"图书馆学五定律"，即：图书馆服务的使命是为人类文化素质服务；掌握各种知识传播方式；明智地采用科学技术来提高服务质量；确保知识的自由存取；尊重过去，开创未来。

南开大学柯平教授在上述论断的基础上进一步提炼图书馆服务的精神，并结合现代图书馆服务的发展要求，提出图书馆服务的"新五定律"，即：全心全意为每一个读者或用户服务；"效率、质量与效用"的统一；提高读者或用户的素养；努力保障知识与信息的自由存取；传承人类文化。

3.《公共图书馆宣言》提出的"平等免费服务"理念

《公共图书馆宣言》中的重要部分是关于公共图书馆服务理念的论述。《公共图书馆宣言》指出，公共图书馆作为人们寻求知识的重要渠道，为个人和社会群体进行终身教育、自主决策和文化发展提供了基本条件。每一个人都有平等享受公共图书馆服务的权利，而不受年龄、种族、性别、宗教信仰、国籍、语言或社会地位的限制。对因故不能享用常规服务和资料的用户，如少数民族用户、残疾用户、医院病人或监狱囚犯，必须向其提供特殊服务。公共图书馆原则上应该免费提供服务。《公共图书馆宣言》明确了公共图书馆的使命。

（二）国内公共图书馆的服务理念

1.民国"新图书馆运动"时期图书馆学家的服务理念

"新图书馆运动"是一个席卷全国的推广、普及近代图书馆的运动，由图书馆学家沈祖荣于1917年发起，持续了十年左右的时间。沈祖荣到全国各地宣传美国图书馆学的理论、方法和技术，抨击封建藏书楼的保守，对于在国内初步建立近代图书馆体系，实现图书馆服务对象普遍化，图书馆藏书逐渐合理化，图书馆管理科学化等都产生了重大和深远的影响。"新图书馆运动"的代表人物还有图书馆学家、目录学家李小缘，图书馆学家、哲学家刘国钧等。

2.中华人民共和国成立后的图书馆服务理念

中华人民共和国成立后，各地公共图书馆经历了一个"以文养文""以文补文""文化搭台、经济唱戏"和全面开展有偿服务的阶段。进入21世纪，公共图书馆在理论研究和实践上实现了突破,各级政府开始树立公益文化观念,先进的理念逐步引领图书馆的服务。

（1）《中国图书馆员职业道德准则（试行）》

2002年，中国图书馆学会公布《中国图书馆员职业道德准则（试行）》，要求馆员履行下列职业道德准则：确立职业观念，履行社会职责；适应时代需求，勇于开拓创新；真诚服务读者，文明热情便捷；维护读者权益，保守读者秘密；尊重知识产权，促进信息传播；爱护文献资源，规范职业行为；努力钻研业务，提高专业素养；发扬团队精神，树立职业形象；实践馆际合作，推进资源共享；拓展社会协作，共建社会文明。

（2）《图书馆服务宣言》

2023年，中国图书馆学会发布了修订后的《图书馆服务宣言》。《图书馆服务宣言》指出，当代中国图书馆要以习近平新时代中国特色社会主义思想为指导，全面贯彻创新、协调、绿色、开放、共享的新发展理念，坚持为人民服务、为社会主义服务的方向，坚持公益属性，努力建设以人为中心的现代图书馆，切实担负起保障公民基本文化权益、提高全民科学素养的使命，推动实现高质量发展，为建设社会主义文化强国作出新的贡献。同时，该宣言将图书馆的服务目标分为七个方面：向全社会普遍开放；对全体公民平等服务；彰显人文关怀；发展专业化服务；促进资源建设与共享；保护传承优秀文化典籍；推动、引导、服务全民阅读。

（3）《公共图书馆服务规范》

《公共图书馆服务规范》（GB/T 28220—2023）对公共图书馆的服务提出了规范、详细、具体的要求。

（4）《公共图书馆法》

《公共图书馆法》第四章对公共图书馆服务提出了明确要求，即公共图书馆应当按照平等、开放、共享的要求向社会公众提供服务；同时，明确规定了公共图书馆免费服务项目、服务人群、开放时间以及应承担的服务职能。

3.中国现代公共图书馆的服务理念

中国现代公共图书馆的服务理念可归纳为以下几点：以人为本的服务理念；资源共享的服务理念；普遍均等的服务理念；免费开放的服务理念；无障碍的服务理念；重视新技术的服务理念。

（1）以人为本的服务理念

《图书馆服务宣言》指出："图书馆是社会的知识和信息中心，各级各类图书馆共同构成图书馆服务体系，面向其服务对象，共同保障全体公民享有充分的图书馆服务。"树立以人为本的理念意味着，公共图书馆要以读者需求为一切服务工作的中心和依据，读者是图书馆生存和发展过程中的决定因素。这一理念在我国公共图书馆得到广泛应用。

第一，公共图书馆服务活动的设计应处处为读者考虑。许多公共图书馆延长开放时间，开通了24小时借还书、自助借还等多种服务渠道。还有一些图书馆利用先进的技术手段为读者提供服务。例如：上海图书馆推出了网上委托借书，苏州图书馆实现了网上预约、社区投递等。不少公共图书馆还利用先进的技术手段开通了"你选书、我买单"的图书荐购服务。

第二，公共图书馆应以用户需求为中心主动开展读者服务活动。随着民众对讲座服务的呼声越来越高，很多公共图书馆开展了公益讲座活动，并形成了品牌。例如，上海图书馆的"上图讲座"，被称为"城市教室""市民课堂"，其最大特点是面向社会大众，影响力辐射到长江三角洲地区18个城市和全国图书馆界，并开发了讲座专刊、参考文摘等一系列讲座产品。2010年，全国公共图书馆讲座联盟正式成立，并建设了讲座联盟网站。在举办讲座的同时，很多公共图书馆利用多种形式，围绕提高读者的信息素养、知识水平、实用技能等内容开展了形式丰富的读者培训活动，同时开展了图书推荐、经典研读等各类人性化的服务活动。

第三，公共图书馆应为弱势群体提供特殊服务。弱势群体是根据人的社会地位、生存状况而非生理特征和体能状态来界定的一个虚拟群体，是社会中一些生活困难、能力不足或被边缘化、容易受到社会排斥的散落的人的概称。例如，儿童、老年人、失业者、贫困者、下岗职工、灾难中的求助者、进城务工人员、非正规就业者以及在劳动关系中处于弱势地位的人。公共图书馆为弱势群体提供保障性服务是其义不容辞的责任。例如：我国建成了中国盲文图书馆；各公共图书馆开设了视障读者阅览室、少儿服务区；北京、上海、深圳、东莞等地开设了农民工图书馆。

（2）资源共享的服务理念

公共图书馆在自愿、平等、互惠的基础上，通过建立图书馆与图书馆之间或与其他相关机构之间的各种合作、协作、协调关系，利用各种技术、方法和途径，共同建设、共同利用信息资源，以最大限度地满足用户信息资源需求的全部活动就是信息资源共享。

《图书馆服务宣言》第五个目标是这样表述的："图书馆努力开发文献信息资源，积极参与资源数字化和数字资源长期保存，支持开放获取，促进图书馆资源的有效利用。"各地区、各类型公共图书馆要加强协调与合作，促进全社会信息资源的有效利用。《公共图书馆法》第三十条规定："国家支持公共图书馆开展联合采购、联合编目、联合服务，实现文献信息的共建共享，促进文献信息的有效利用。"单个公共图书馆的资源建设能力和服务能力是有限的，在现代信息技术的支持下，资源共享已成为提高公共图书馆服务效率、满足全社会信息需求的必然趋势。

近年来，我国公共图书馆的资源共享活动取得了良好的效果。部分大中城市形成了市、县、乡、村公共图书馆服务网络，实现了区域群整体上的资源整合和业务整合，实现了"一馆办证、多馆借书，一馆借书、多馆还书"的通借通还目标。

（3）普遍均等的服务理念

《图书馆服务宣言》第二个目标是这样表述的："图书馆遵循平等服务原则，不分年龄、性别、职业、民族、居住地、个人能力和其他特征，向全体公民提供普遍均等的服务。"普遍是指图书馆将服务触角深入到基层，任何民众都能就近享受图书馆的服务。平等利用信息资源是公民的基本权利，任何读者

（用户）都不应受到歧视，这是公共图书馆普遍均等服务理念的体现。

（4）免费开放的服务理念

免费开放是实现公共图书馆普遍均等服务的基本保障。世界上第一个公共图书馆——曼彻斯特公共图书馆从诞生之初就明确了免费开放的理念。而在中国，公共图书馆免费开放经历了漫长的过程。

2006年，时任深圳图书馆馆长吴晞提出新图书馆要"开放、平等、免费"的口号。2007年，深圳公益性文化场馆全部免费开放，深圳成为最早实行文化场馆免费开放的城市。2011年，文化部（现文化和旅游部）、财政部联合发布了《关于推进全国美术馆公共图书馆文化馆（站）免费开放工作的意见》，要求全国所有公共图书馆、文化馆（站）实现无障碍、零门槛进入，公共空间设施场地全部免费开放，所提供的基本服务项目全部免费。终于，我国公共图书馆免费开放在国家政策上得到了保障。随后，《公共图书馆法》的施行为公共图书馆免费开放提供了法律保障。

（5）无障碍的服务理念

无障碍服务是提高残疾人能力并促进其融入社会的一种手段，常用手段包括信息通信技术和互联网技术。《公共图书馆宣言》指出："图书馆提供多元、包容、便利的服务，为未成年人、老年人、残疾人等利用图书馆有困难的人群提供特殊的资源和服务。"《公共图书馆法》规定："政府设立的公共图书馆应当考虑老年人、残疾人等群体的特点，积极创造条件，提供适合其需要的文献信息、无障碍设施设备和服务等。"近年来，我国很多公共图书馆开始利用信息技术或通过上门服务等多种方式为残疾人提供无障碍服务并取得了一定的成绩。例如：首都图书馆建设了无障碍图书室，引进了盲文点显器、助视器等设备，帮助盲人读者上网、阅读；上海图书馆制作了有声读物和无障碍电影等。

（6）重视新技术的服务理念

公共图书馆应重视对信息技术的应用。《公共图书馆法》明确规定："国家构建标准统一、互联互通的公共图书馆数字服务网络，支持数字阅读产品开发和数字资源保存技术研究，推动公共图书馆利用数字化、网络化技术向社会公众提供便捷服务。"政府设立的公共图书馆应加强数字资源建设、配备相应的设施设备，建立线上、线下相结合的文献信息共享平台，为社会公众提供优质服务。

随着现代化技术的发展，手机图书馆、无线射频识别（RFID）技术、云计算等技术都在公共图书馆得到了广泛应用。各级公共图书馆建立了各具特色的数字化服务网络，有的还利用微信、微博等网络平台开展了大量的服务活动，大大提高了公共图书馆的管理水平和服务效率。同时，很多城市建成了区域性公共图书馆服务网络，实现了文献的通借通还。

第二章　公共图书馆智慧服务初探

第一节　公共图书馆智慧服务简介

一、公共图书馆智慧服务的概念和特征

随着社会的发展，公共图书馆服务的质量在稳步提升，公共图书馆服务从以往注重信息资源、数字技术等逐渐转变为注重图书馆人员的智慧。因此，智慧图书馆是公共图书馆未来发展的必然趋势，公共图书馆服务也应达到一个全新的阶段，即智慧服务。

目前，关于公共图书馆智慧服务的相关研究很多。简单来说，公共图书馆智慧服务更多地注重发展理念的创新与信息技术的支撑，而多数研究者的主要目的是分析用户的信息需求，构建个性化的知识推荐服务体系。智慧图书馆所提供的智慧服务具有场所泛在化、空间虚拟化、手段智能化、内容知识化、体验满意化等特点。公共图书馆智慧服务满足了知识经济时代的发展要求，是推动知识开发、知识应用的重要因素，是知识服务的高级形态。

公共图书馆智慧服务主要依赖物联网、传感技术和云计算技术。因硬件和技术方面的优势，与传统图书馆相比，现在的公共图书馆能提供更高层次、更具个性、更加智慧的信息服务，但两者的服务理念与内涵是一致的，都是"以用户为中心，以个性化服务为原则"。

（一）公共图书馆智慧服务的概念

1. 智慧及智慧服务

（1）智慧

进入 21 世纪，科学技术是第一生产力已逐渐成为人们的共识。经济的发展比以往任何时候都更加依赖知识的生产和应用。知识在现代社会价值创造中的作用已远远高于人、财、物等传统的生产要素，成为所有创造价值要素中最基本的要素。知识与经济的紧密结合标志着知识经济时代的来临。

在知识经济时代，社会发展、产业发展不仅需要信息、知识，更需要智慧。智慧是推动知识转化为生产力、实现知识价值的重要力量，是国家创新产业发展的源泉。智慧既是在现有知识的基础上创造新知识的过程，也是运用现有知识解决新问题的过程。在这个过程中，知识的有效获取是前提。

（2）智慧服务

智慧服务是指建立在知识服务基础上的运用创造性智慧对知识进行搜寻、组织、分析、重组，形成具有实用性的知识增值产品，有效支持用户的知识应用和知识创新，并将知识转化为生产力的服务。

需要指出的是，智慧服务不同于知识服务。智慧来源于知识。知识是对信息的使用，是运用归纳与演绎、分析与综合等逻辑思维方法对信息进行处理的产物，是人们认识和经验的总结，是抽象的理论，必须经由人的大脑才能产生，而智慧则是为达到目标而运用知识的能力。智慧在于创新，可以从无到有地创造或发明新的东西；知识在于发现，可以发现本来就存在但还没有被人们认识的东西。

知识服务是智慧服务的基础，智慧服务是知识服务的升华。知识服务以信息的搜寻、分析、重组为前提，是从各种显性和隐性信息资源中对有关信息内容进行筛选、分析、重组，产生或形成有针对性的新的知识产品的服务；而智慧服务则是建立在知识服务基础上的专业化的创造性服务。知识服务侧重知识组织、知识共享、知识传递，而智慧服务的重点则是为知识生产、知识开发和知识创造服务。

知识服务注重知识的整合与知识导航，而智慧服务注重知识的价值实现，致力于将知识转化为生产力，通过智力和专业能力为用户创造价值，通过显著提高用户知识应用效率和知识创新效率来实现价值。知识服务是智慧服务的前提和基础，智慧服务的根本特征是实现知识增值。从创造价值的角度来说，智慧服务丰富了知识服务的内涵，是知识服务的升华。

2.公共图书馆智慧服务

图书馆是人类社会的知识中心，是知识汇聚和传播的重要场所，能帮助用户在知识应用过程中创造新知识、解决新问题。要实现这一目标，仅靠图书馆的信息服务是难以实现的，必须依靠图书馆提供的创造性知识服务，或者说是依靠图书馆提供的智慧化知识服务。

在知识经济时代，公共图书馆应基于信息资源提供具有用户需求分析功能的专家式的系统服务，即知识服务。公共图书馆的服务经历了三个发展阶段：一是文献服务，二是信息服务，三是知识服务。而基于图书馆馆员智慧的知识服务可以称为智慧服务。总之，公共图书馆智慧服务与经济领域的创意服务具有相似性，但公共图书馆智慧服务关注的是通过知识产品或服务给用户带来现实的经济效益或社会效益，实现知识产品的增值，并推动社会进步和生产力的发展。

综上所述，公共图书馆智慧服务是以数字技术、图书馆智能、知识服务为基础的图书馆服务。公共图书馆智慧服务是将文献与信息资源数字化，通过智能技术将用户所需的信息资源呈现在公共图书馆各处，从而方便读者使用的服务形式。公共图书馆智慧服务与普通的知识服务有区别，其面向的是广大公众，是为了满足公众的普遍需求。

（二）公共图书馆智慧服务的特征

阮冈纳赞的《图书馆学五定律》明确了图书馆的核心定位就是开发人的智

慧、陶冶人的情操、启迪人的心灵，最大限度地满足人们日益增长的精神文化需求，使人们能够充分利用自己的智慧更好地服务于社会，创造更多的物质财富和精神财富，使人类社会更加文明、和谐。智慧服务是公共图书馆实现其核心定位最根本、最有效的途径。

与以文献载体为主的图书馆文献服务、以信息传播为主的图书馆信息服务、以知识传播为主的图书馆知识服务相比，公共图书馆智慧服务以用户的智慧生成过程为中心，致力于培育用户驾驭知识、运用知识和创新知识的能力，进而实现智慧创造。公共图书馆的知识服务是图书馆智慧服务的前提和基础，而公共图书馆智慧服务是图书馆知识服务的升华。

简单来说，公共图书馆智慧服务具有以下几个特征：

1. 公共性

公共性是指公共图书馆智慧服务是面向广大群众的。公共图书馆本身就是一个公共服务机构，是政府为了方便大众更容易地获取知识而建造的，它的目标是尽一切可能满足社会公众获取知识的需求，确保大众能享受到公共图书馆为他们提供的人性化、无偿的智慧服务。

2. 智慧性

公共图书馆的智慧性体现在：首先，公共图书馆智慧服务就是借助智能技术建设智慧图书馆，丰富图书馆本身的资源，让用户在图书馆的任何角落都能享受到方便、快捷的智慧服务。其次，公共图书馆智慧服务也指最大限度地对图书馆内的文献资料进行知识挖掘并将获得的新知识传递给用户。最后，公共图书馆所提供的智慧服务是在文献服务、信息服务、知识服务基础之上的服务，为此，图书馆应充分发挥其优势，帮助用户在知识应用的过程中进行创新。

3. 服务性

图书馆最基本的职能就是服务，公共图书智慧服务摒弃了以前传统图书馆的被动服务方式，转变为主动服务。公共图书馆有自动化、网络化以及数字化管理方面的专业人员，可以为图书馆发展智慧服务提供有力的保障，确保智慧服务的实现。图书馆工作人员应该主动、积极、热情地与读者沟通，为读者推荐适合其阅读的文献，悉心听取读者的意见，为读者提供真正意义上的智慧服务。

4. 资源丰富性

公共图书馆主要借助物联网、云计算等先进的信息技术来实现智慧服务，因此公共图书馆内具有丰富的信息资源，如纸质资源、数字资源、网络资源等，这为图书馆发展智慧服务打下了基础。例如，用户可以通过各图书馆之间建立的图书馆联盟，随时随地获取各图书馆的文献信息。

5. 管理集群化

公共图书馆在提供智慧服务时，通常要借助集群化综合服务平台，实现知识的共建性整合、集约式显示、便捷性获取、无障碍转换、跨时空传递等，因此具有管理集群化的特征。

6. 服务协同性

公共图书馆智慧服务的服务协同性体现在行业协同、地区协同、国家协同、全球协同等方面。在系统的顶层设计上，需要整体推进，使资源由分散趋向集约、由异构趋向统一，克服资源在布局上各自为政、分散管理和重复建设的弊端，最终实现公共图书馆智慧服务。

公共图书馆智慧服务旨在通过知识运用和知识创造形成知识产品的增值效应，而在智慧服务过程中，团队智慧显得尤为重要。在公共图书馆服务中发挥团队智慧，能增强公共图书馆服务的创造性，进而促进生产力的发展，给用户带来巨大收益。

总之，公共图书馆智慧服务是以知识运用能力为核心、以知识创造为本质、以知识团队为服务对象的。公共图书馆智慧服务的目标是以灵活的服务模式充分利用和调动知识工作者的智慧来分析、诊断、解决特定问题，其本质在于提供智力支持、给用户带来启发。而这个过程就是将知识转化为能力、将知识转化为生产力的过程，体现了公共图书馆智慧服务的知识创造性特征。

二、公共图书馆智慧服务的本质和主客体

（一）公共图书馆智慧服务的本质

在图书馆学中，关于公共图书馆智慧服务的本质的认识大致包括三个方面的内容。

1.强调智能技术

信息技术的不断发展为公共图书馆发展智慧服务提供了基础及动力，如公共图书馆基于 RFID 技术为用户提供了自助借还书服务等。公共图书馆智慧服务强调图书馆的智能技术，在智能技术发展速度飞快的今天，公共图书馆智慧服务没有智能技术的支持是万万不行的。在图书馆由传统图书馆发展到数字图书馆的过程中，公共图书馆的服务方式也在不断变化，处处离不开技术的支撑。尽管智能技术在公共图书馆的发展中扮演着重要的角色，但应避免刻意夸大技术的重要性，公共图书馆智慧服务还是要靠图书馆馆员的共同努力才能实现。公共图书馆是用来服务大众的，技术只是一种服务的手段或方式。

2.以用户为中心

公共图书馆的传统服务已经无法满足用户的需求，发展智慧服务势在必行。公共图书馆智慧服务以用户为中心，为用户提供个性化的服务。公共图书馆智慧服务旨在通过充分利用各种资源来满足用户的需求，实现图书馆资源以及服务价值的最大化。公共图书馆智慧服务具备人性化和智慧化的特点，致力于将知识转化为生产力，从而体现知识的价值。公共图书馆提供的创造性知识服务能帮助用户解决遇到的问题，并提供新的知识。

公共图书馆不仅应为用户提供信息服务，还应为他们提供智慧服务，而智慧服务的发展应以知识服务为基础。公共图书馆馆员在为用户提供智慧服务时，可以运用创新思维对相关知识进行收集、分析、整理，从而获得相应知识以支持用户的知识应用以及知识创新，把知识转化为生产力。公共图书馆在为

用户提供智慧服务时，应着重考虑给用户带来的收益，通过提供知识产品和服务来实现知识产品的增值。

3.注重服务集成

用户在利用传统公共图书馆提供的服务时，需要花费很多时间去适应图书馆各类资源的使用方式及服务系统的操作界面。公共图书馆在提供智慧服务时，可充分利用专业化的知识以及信息技术对不同的资源进行加工，提供高度集成化的信息服务。公共图书馆可借助物联网技术、云计算技术，构建整合集群管理系统，提供跨系统应用集成、跨媒体深度融合、跨部门信息共享的服务。例如，全国性图书馆联盟的成立，加快了馆际文献资源的集成化进程，有助于提高资源的利用率。

（二）公共图书馆智慧服务的主客体

将知识转化为生产力的过程必然是集体创造的过程，因而公共图书馆智慧服务强调团队合作，提倡开展团队服务。公共图书馆智慧服务的团队有两个：一个是由知识组织者组成的智慧团队，另一个是由知识用户组成的智慧团队。

1.智慧服务的主体——由知识组织者组成的智慧团队

由知识组织者组成的智慧团队是指由公共图书馆的知识工作者（也可以是其他信息机构）组成的具有较高的信息技术能力和知识开发能力的团体，即智慧服务的主体。其特点如下：一是依靠团队力量来组织知识生产和提供智慧服务；二是加入用户团队，作为用户团队的一员来处理信息、应用知识、解决问题，提供智慧服务。由于公共图书馆工作者本身的知识结构有缺陷，所以其提供的智慧服务也有局限性。知识组织者可以渗透到用户团队中，作为用户智慧团队的成员提供知识服务。

例如，中国科学院国家科学图书馆按照"统筹规划、分工负责、协同保障"的思路，建立了体系化、层次化、协同化的全馆战略情报研究团队，覆盖科技创新的主要学科领域。团队主要分为四个层次：宏观领域情报团队（战略决策情报中心、科技政策情报团队）；科学领域情报团队（基础科学、资源环境科学、生命科学、战略高技术）；科技创新基地领域团队（1＋10科技创新基地团队）；学科情报研究组（科技评价组、情报技术平台组等相关团队）。

2.知识服务的客体——由知识用户组成的智慧团队

由知识用户组成的智慧团队是指公共图书馆知识工作的服务对象，即智慧服务的客体，包括政府或企业决策机构、科学研究课题组、企业产品研发团队、专业社会团体等。由知识用户组成的智慧团队的成员本身也是知识工作者，其知识工作的本质就是知识创造。在知识经济时代，技术进步的速度大大加快，由知识用户组成的智慧团队在知识创造中的作用日趋明显：一方面，由于社会分工的精细化和专业化，个体知识用户的知识积累在深度加深的同时广度却在缩小，而知识创造活动需要多种知识的融合，这使得个体之间开展协作进行知识创造成为必然选择；另一方面，现代社会中知识创造活动复杂、创造成本高、创造风险大，单个知识用户很难独立完成知识创造，形成知识团队，在知识创造、技术创新方面具有重要的意义。由此不难看出，公共图书馆智慧服务的主客体都是知识工作者，也就是运用知识进行知识发现、知识创新的人。两者结合，在知识创造能力方面形成互补，必然产生更大的创造力，进而实现在原有知识基础上的知识增值。

第二节　公共图书馆智慧服务的内容和形式

　　随着公共图书馆的发展，图书馆的空间需求、资源需求以及用户需求都在发生变化。公共图书馆智慧服务是应对这些需求变化的关键，具体可从拓展公共图书馆的空间、丰富公共图书馆的资源等方面着手，尽可能满足人们的需求。

　　公共图书馆的空间需求从传统的"借阅空间"转变为"传播空间"，再转变为"交流空间"。在"借阅空间"阶段，公共图书馆作为一个物理空间，为用户提供基础的借阅服务，采用的是一种被动的用户服务模式。在"传播空间"阶段，公共图书馆作为"知识中心"，进行文化传播以及信息传递，采用的是一种主动的用户服务模式，并广泛应用了信息化技术。在"交流空间"阶段，公共图书馆为用户提供开放、自由的知识交流场所，从而促进知识转化及创新，如智慧创客空间、研讨空间、网络学习空间等。公共图书馆只有拓展图书馆的空间，进行空间再造，提供智慧化空间服务，才能满足空间需求的变化。

　　公共图书馆的资源管理理念经历了显著的转变，从最初的"为藏而藏"的单一保存功能，逐步演变为"为用而藏"的服务导向，并最终迈向了"知识创新"的新高度。起初，公共图书馆主要扮演着书籍保存者的角色，其宗旨在于"为藏而藏"，即确保文化遗产与知识资源得到妥善保存。随着社会的发展和个人知识需求的日益增长，公共图书馆的管理者意识到图书馆资源的有限性与用户需求的广泛性之间的矛盾。因此开始采取"为用而藏"的策略，即根据用户的知识需求，有选择性地采购和整理资源，以确保这些资源能够最大限度地满足广大读者的学习与研究需求。当公共图书馆的资源积累达到一定程度，几近饱和状态时，其丰富的知识资源储备便成为推动知识创新的基石。在这一阶段，图书馆不仅继续服务于用户的直接需求，还通过图书馆员工的专业智慧与潜在用户的创新思维相结合，探索知识的深层次应用与跨界融合，从而实现从资源提供到知识创新的跨越式发展。

再者，个人需求从最初的个体阅读需求转变为个性化需求。公共图书馆的服务最初是针对读者的阅读需求的，即通过满足核心读者的阅读需求来实现其价值。由于公共图书馆资源的多样性以及读者背景的多样性，读者当前的需求和潜在的需求也呈现出多样性和个性化的特点。公共图书馆应对读者的行为数据进行汇总，从而对读者的资源需求进行深入分析，同时还要对不同背景和学科的资源进行多样化分类及集成，以满足读者的个性化需求。

一、公共图书馆智慧服务的内容

建立在知识服务基础上的智慧服务，关注的是知识的转化与应用，因为知识本身无价值，它的价值体现在知识运用的过程中。在信息社会，公共图书馆智慧服务的目的就是要"用知识和智慧创造价值"。创造价值的过程就是运用知识的过程。目前，图书馆智慧服务主要包括以下内容：

（一）决策支持

为知识用户团队提供决策支持服务是公共图书馆智慧服务的基本内容。在我国，社会信息咨询机构发展缓慢，政府科研机构实力有限，大多数中小企业缺乏研究团队，而公共图书馆具有专业的情报服务能力，能够为知识用户提供决策支持服务。

为知识用户提供决策支持服务的主要形式是专题服务，即针对特定信息、特定知识进行深度加工、分析和挖掘，以形成专业的知识产品，为政府、企业及社会团体提供智力支持。这些服务具体包括专题社会信息服务、专题产业分析报告、专题行业资讯等。下面以专题社会信息服务为例来进行说明：

专题社会信息服务是指公共图书馆积极响应社会需求，针对各个时期的社会工作重点、热点及难点问题，系统地搜集、深入分析并精心筛选相关信息，随后以简报、内部参考资料、专题报道等多种形式，向特定的信息用户群体提供精准信息，旨在为政策制定者及决策者提供有价值的参考依据。例如：广东省立中山图书馆从1991年开始，每周编印《决策内参》，为各级党政机关提供服务；广州大学图书馆从2002年开始，为地方政府提供媒体舆情信息服务——按照委托单位的要求，组织专业人员对境内外关于广州市的新闻报道进行搜集、加工、整理及舆论情况分析，将结果提供给相关部门，方便相关部门了解舆情，以更好地决策。

公共图书馆在提供决策支持服务时，不能仅仅提供信息层面的服务，还应在数据挖掘和分析的基础上提供创造性服务。数据挖掘也称知识发现，是从数据库中获取人们感兴趣的知识，这些知识是隐性的、潜在的。借助数据挖掘技术，可从数字图书馆、数据仓库和网络空间中发现并提取有用的信息，帮助信息用户（决策者）寻找数据间潜在的联系。只有在数据挖掘的基础上提供知识产品，才能为用户提供科学的决策支持服务。

（二）科学研究

科学研究是发现知识、创造知识的过程，即知识生产过程。为科学研究提供智慧服务，是公共图书馆知识服务的核心内容。

研究型知识用户是公共图书馆的重要服务对象，他们通常需求的是反映国内外相关课题历史、当前研究水平及未来发展趋势的综合性知识。这类用户需要的不是一个个信息片段，而是经过提炼的、系统的知识。

在不同的研究阶段，研究型知识用户需要不断地获取与课题有关的大量系统知识及实验数据。为此，图书馆智慧服务团队可深入某一学科、某一研究项目，协助研究型知识用户进行研究，提供从课题立项到成果鉴定的全程跟踪服务。同时，应对该研究项目所属学科的相关知识、与成果评价相关的知识、权威信息源等进行描述、评价和提示，对专业数据库进行智能类聚和链接，对口提供面向课题的专业化、个性化专题知识服务。

此外，图书馆智慧服务团队还要为研究型知识用户提供各个学科领域的最新研究动态、各个学科当前的研究热点，预测学科的发展方向，提供学科研究的核心信息源。为科学研究提供智慧服务的关键在于知识挖掘和专业分析。不同专业领域都有其特定的专业数据库，比如化学专业的化合物数据库，通过标注描述的方式在这些专业数据库与文献数据库之间建立映射关系，有利于实现知识的创新。

（三）产品研发

产品研发是指各种研究机构、企业为获得科学技术（不包括人文、社会科学）领域的新知识，而持续进行的创造性改进技术、产品和服务的系统活动。产品研发一般是指产品、科技的研究和开发。研发活动是一种创新活动，需要创造性的工作。

产品研发水平是衡量一个国家创新能力的重要指标。产品研发的前提条件包括具备研发团队、研发经费、研发信息等：研发团队成员一般具有高学历，而且具备将知识转化为生产力的能力；研发经费是产品研发的必要条件；研发信息则是产品研发的基础，三者缺一不可。

公共图书馆为产品研发提供的信息包括基础知识信息和专业知识信息。基础知识信息属于知识服务的范畴，专业知识信息属于智慧服务的范畴。基础知识信息包括研发所需的有关技术经济信息、经济决策信息、管理信息、市场供求信息，以及政策措施、实践经验、热点问题、同行企业的发展态势、经营管理、科技发展、新产品开发和市场占有率等方面的信息，提供这些信息可以为企业的生产和决策服务。专业知识信息则是系统化、创造性的信息。从知识管理的角度来看，新产品研发过程就是知识共享、知识转化、知识创造的过程。

就国内外大型企业而言，对新产品研发领域的知识进行管理，特别是研发知识的共享和共用，是新产品研发知识管理的首要任务。然而，当前还没有形成具有统一标准的知识管理系统模型。目前，已有几种比较典型的知识管理系统模型，如基于多代理人的系统模型、基于舱结构的系统模型、基于统一建模语言的集成化系统模型和基于"社会—技术"双视角的系统模型等。然而，对于大多数中小企业而言，仍存在建立知识管理系统条件不足的问题。

（四）知识服务

公共图书馆知识服务是指根据用户需求，从各种显性和隐性信息资源中提炼知识的过程。知识提炼过程就是知识开发过程。知识开发是在知识组织的基础上，根据用户要求和公共图书馆发展的特定目标，通过知识重组和知识再造，形成用户决策所需要的问题解决方案或适合市场需求的知识产品的过程。知识开发过程包含了公共图书馆馆员创造性的智力劳动，这种智力劳动能使知识产品增值。

同时，公共图书馆知识开发强调的是利用图书馆及其团队独特的知识和能力，通过对信息和知识的深层次加工，形成有独特价值的知识产品，解决用户凭自己的知识和能力不能解决的问题，从而实现公共图书馆在社会知识创新、知识扩散和知识应用链条上的独特价值。

公共图书馆智慧服务团队应充分利用自身的资源优势，主动融入企业产品研发团队，提供知识服务。可采取构建产品研发信息交流协作空间、个人知识库、机构知识库、专题知识库、学科知识门户等形式，通过知识服务，推动产品研发团队进行知识共享、知识转化、知识创造，提升企业的创新能力，提高知识转化率。以上海图书馆为例，其提供的企业服务主要有：企业技术战略和规划研究；知识产权保护系列咨询服务及其战略研究；侵权调研与分析；行业调研、市场调查、产品定位、商业机会分析；科研成果、立项、专利、新产品等查询与评价；企业综合性的个性化情报服务等。

此外，要做好公共图书馆智慧服务，就要做到知识服务精品化。对于产品研发团队来说，他们已经不再满足于获取一般性的知识服务，而需要能为他们提供解决问题的方案等核心知识内容的服务。这就要求公共图书馆将分散在该产品领域及相关领域的专业知识加以集成，从中提炼出对研究、开发与创新有用的"知识精品"供其使用，帮助其寻找新的知识生长点，激发其知识创新的灵感，促使主观知识（隐知识）转化为客观知识（显知识），缩短技术创新周期，提高企业技术创新水平，增加人类知识总量。为此，公共图书馆智慧服务应贯穿用户解决问题的全过程，为用户提供从知识搜集、提取、重组、创新、集成到应用的一体化服务。

二、公共图书馆智慧服务的形式

（一）多时间、多空间的图书馆服务

多时间、多空间的图书馆服务是现代公共图书馆的基本服务形式，也是公共图书馆智慧服务的基本形式之一。公共图书馆除为用户提供基本的书籍借阅等服务，还要提供打破时空限制的延伸服务，而"三网融合"为这种延伸提供了便利条件。如今，用户利用网络、电视、智能手机享受公共图书馆提供的智慧服务已不再是难题，网络图书馆、手机图书馆、24 小时自助智能图书馆能保证用户获得全天候服务。

在多时间、多空间图书馆服务模式的构建过程中，一方面需要以实体图书馆为基础，增加以阅读服务、信息服务等为主要内容的多样化活动；另一方面需要增加手机图书馆、网络数字图书馆、24 小时自助图书馆等服务平台，延伸和丰富公共图书馆的服务载体，使用户在任何时间、任何地点，都可以通过公共图书馆获取与利用信息。可喜的是，目前，我国越来越多的公共图书馆建设了网络图书馆、数字图书馆和手机图书馆。

此外，24 小时自助图书馆在越来越多的场所得到了应用。随着社会生活节奏的加快以及信息价值的进一步凸显，一些企业也敏锐地觉察到了人们对

信息需求的迫切性，开设了图书借阅服务，如中信出版集团股份有限公司推出的"云端图书馆"等。

（二）以人为本的图书馆服务

近年来，随着信息技术的发展及应用，越来越多的公共图书馆注重技术在服务与建设中的作用，提高了图书馆的服务水平和效率，但在具体的实践中，很容易误入重视现代生活元素而忽视传统人文特色的歧途，如在馆舍建设、资源平台构建等方面走铺张浪费的道路，重馆舍面积及馆藏数量而轻服务等，导致图书馆的作用未能得到真正发挥。

公共图书馆在构建以人为本的图书馆服务模式时，应重视发挥原有的传统服务优势，充分发挥馆员及馆藏优势，开展如特色馆藏服务、信息咨询服务、数据挖掘服务等，使公共图书馆真正成为知识组织、研究与传递的中心。

（三）高度智能化的图书馆服务

公共图书馆智慧服务强调图书馆的高度智能化与智慧管理。在高度智能方面，信息技术的发展促使管理系统广泛应用于公共图书馆的资源、人力、财务管理等各个领域，Web 2.0、RFID 等技术的应用也为公共图书馆实现智能化资源定位、智能化资源推送、智能化资源定制、智能化资源管理、智能化办公等提供了条件。

在智慧管理方面，公共图书馆管理者应重视文献资源的收藏、研究与利用，同时肩负起公共图书馆在社会文化建设中的责任；既要重视服务环境、服务效率与服务水平，也要重视读者感受，将读者作为公共图书馆可持续发展的动力。

公共图书馆在构建高度智能化的图书馆服务模式时，可以构建智能化的图书存放与调度系统、智能化的图书馆安防系统、智能化的服务环境调节系统（如灯光调节、温度调节等）、智能化的信息管理系统（如个性化知识的智能抓取、组织与推送等），借助智慧管理手段，促使公共图书馆在发展理念、服务技术、管理形态等方面不断发展。

（四）基于"第三空间"理念的图书馆服务

随着全媒体时代的到来，人们更加强调图书馆的文化休闲作用，图书馆将从传统的以书为中心转变为未来的以人为中心，打造包含阅读、休闲功能的"第三空间"已成为人们的共识。"第三空间"这一词语也准确表达了近年来人们对图书馆特别是公共图书馆建设的愿望。"第三空间"所反映的图书馆休闲理念也是公共图书馆建设的重要理念，因为公共图书馆智慧服务也强调图书馆的休闲功能。

公共图书馆在构建基于"第三空间"理念的图书馆服务模式时，可将增加咖啡屋、音乐室、文化活动室等作为重要方式，再通过营造舒适的人文、绿色、休闲环境来凸显图书馆的休闲氛围，使读者在休息中阅读、在阅读中休息。

（五）基于资源共享、集群发展要求的图书馆服务

信息社会海量的信息以及用户信息需求的复杂多样性对现代图书馆的资源建设提出了挑战，而网络信息技术的发展为资源的共享提供了条件。走资源共享道路、构建地方公共图书馆服务体系，成为近年来我国公共图书馆的发展趋势之一，总分馆、集群式、联合发展等资源共享模式已在我国东部沿海城市的公共图书馆中得到广泛应用。

公共图书馆智慧服务是一种新型的以知识和信息共享整合、便捷利用、多维度服务为主的服务模式，资源共享与集群式发展是公共图书馆智慧服务的一大重要特征。

公共图书馆在构建基于资源共享、集群发展要求的图书馆服务模式时，需要在借鉴已相对成熟的总分馆等建设模式的基础上，总结、分析自身的特殊性与差异性，因地制宜，找到一种适合自身发展的资源共享、集群管理发展模式。

第三节　公共图书馆智慧服务系统的构成

公共图书馆智慧服务系统由智慧信息采集系统、智慧资源加工系统、智慧信息整合系统、智慧化服务系统构成。

一、智慧信息采集系统

信息的采集是图书馆开展服务工作的前提和基础。公共图书馆的智慧信息采集系统首先对感知对象进行主动知识描述，通过信息的全面感知，将信息、读者、图书馆连成一个循环的整体，实现三者之间的两两互联。

（一）读者身份信息采集

读者的身份信息包括读者的基本信息（如年龄、性别、职业等）和阅览信息（如借阅信息、到馆次数等）。公共图书馆把这些信息收集起来形成读者信息库，并随着读者情况的变动，对信息及时进行更新。

（二）读者需求信息采集

读者需求信息采集以对读者身份信息的分析为基础，公共图书馆针对不同的群体需求特色，采购不同的信息资源。常见的信息资源分为纸质资源和电子资源。采购纸质资源时除了采购普通的书籍，还应当购入盲人书籍；采购电子资源时除了采购数据库，还应当采购各种光盘、声频等音像资料，以照顾到不同群体的需求。

二、智慧资源加工系统

在采集完读者的信息之后，需要对读者的需求信息进行加工、处理，以形成与之相适应的信息类型，这就需要用到图书馆的智慧资源加工系统。

智慧资源加工系统加工文献信息的主要工作流程为：对文献信息资源进行数字化转化，并进行标识；对形成的数字化内容进行校对；对校对后的内容进行数据加工和编目；把加工完成的内容存储到智慧系统中。

对电子信息资源的加工，如录像带、光盘、磁盘等，需要专门的非书籍资源管理系统。需要注意的是，针对不同的用户群，应采用不同的信息加工方式。

三、智慧信息整合系统

加工后的信息通常具有多样性、杂乱性、无序性等特点，因此需要经过整合形成能直接供读者使用的"良构"信息。智慧信息整合系统可借助互操作和结构化这两种技术将散乱的信息转化为有序的信息资源。其中，互操作技术主要解决异构资源互联的问题，包括 AI Agent 技术、搜索引擎技术、数据挖掘技术、知识管理技术等；结构化技术主要解决数据的"优构"问题，包括元数据技术、中间件技术等。

智慧信息整合系统通过分类、评价、标引、建库等步骤构建了一个结构化数据库，读者通过检索平台可以浏览或查找需要的相关信息，这也是当前公共图书馆进行资源建设的重要方式之一。市场上目前也有一些信息整合系统，但大多存在准确率差、覆盖率低等缺点。

智慧信息整合系统的工作内容主要有以下几个：

①网络信息采集。采集网络信息，形成网络信息库，并根据网络信息和读者信息的变动，及时更新网络信息库。

②信息评价、信息标引、信息分类。具体包括：对采集到的信息进行评价，并将符合检索要求的信息归入已评价信息库；对已评价的信息进行标引，并将其存储到已标引数据库；对已标引的信息进行分类，并将其存储到已分类数据库。

③控制调度。统一调控所有的代理操作，并对已分类信息的敏感关键词进行过滤。

④信息发布。把过滤后的信息发布到图书馆的信息检索平台。

四、智慧化服务系统

将信息整合为有序的"优构"信息后，就可以将其存储到智慧化服务系统中。公共图书馆智慧化服务系统主要分为离线部分和在线部分。

（一）离线部分

离线部分主要用于挖掘和处理数据，因为需处理的数据源相当复杂，会影响推送的实时性，因此将其设为离线部分。离线部分由目标用户和相似用户的信息、行为数据组成。

目标用户的信息包括用户属性、资讯信息和行为日志。用户属性（职业、年龄、兴趣、性别等）构成用户文件，用于在线信息采集；资讯信息是指图书馆发布的诸如图书借阅榜、数据库查询的高频资源等信息，通过内容分析引擎，可挖掘出一段时间内图书馆的热点信息资源；行为日志是用户的浏览记录文件，对用户的浏览记录进行分析，可得出信息的关联规则。

（二）在线部分

在线部分是在离线部分的基础上运作的，可参照离线部分建立的知识库，针对不同用户的查询请求，实时且准确地将检索结果推送给用户。在线部分直接服务于用户，最终影响服务效果，因此是关键环节。

在线部分运作的具体流程为：在图书馆服务器接收到用户的查询请求后，推荐系统先获取用户的个人信息，分析用户的专业兴趣等，生成一个初步结果集，然后将该结果集与离线部分的"热点信息"、"关联规则"和"相似用户的偏好集"结合，并滤去重复部分，在图书馆资源中进行匹配查询，最后将查询结果推送给用户。

第四节　我国公共图书馆智慧服务现状分析

一、我国公共图书馆智慧服务实践状况

我国公共图书馆智慧服务可细分为立体互联式服务、空间再造服务、虚拟体验式服务等。其中，立体互联式服务主要体现为馆与馆之间的互联、馆与人之间的互联、人与人之间的互联。

（一）立体互联式服务的实践状况

公共图书馆的立体互联式服务是指图书馆基于云计算技术、物联网技术、RFID 技术、大数据技术而实现的馆与馆之间的互联、馆与人之间的互联、人与人之间的互联。

1.馆与馆之间的互联

馆与馆之间的互联主要体现在馆际合作上，不同级别、不同地区、不同类

型的图书馆可以打破地点、时间等的限制，实现互联互通。馆际合作的智慧化主要表现为基于云计算技术而建设的图书馆联盟云服务平台。

首都图书馆与北京市内其他各类图书馆联合建设了"首都图书馆联盟"平台，读者只需用一张读书卡就可以浏览百余家图书馆的文献资源，做到"一馆办证、各馆通用""一卡借阅、就近还书""一馆藏书、各馆共享""一馆讲座，各馆转播""一馆咨询、多馆服务"。

上海图书馆联合金陵图书馆、浙江图书馆、南京图书馆、安徽省图书馆建立的"长三角地区图书馆视障服务联盟"平台，实现了视障文化资源的共享，共同助力长三角地区的视障阅读。

深圳图书馆与深圳的其他各类型图书馆合作，共同建立了联合服务平台——"深圳文献港"，该平台注重对数字资源的统一整合，涵盖了各成员图书馆的资源。

2.馆与人之间的互联

馆与人之间的互联主要表现为公共图书馆基于物联网技术、RFID 技术提供的 RFID 自助服务，可以让用户享受不受时间、地点限制的泛在化服务。RFID 自助服务包括 24 小时自助图书馆的自助借还书服务以及其他自助服务，如自助办证、自助复印、自助充值等。

对一些公共图书进行调研，可以得知，这些公共图书馆都应用了 RFID 技术，应用 RFID 技术最多的服务为自助办证服务、自助借还书服务。这些公共图书馆都在馆内放置了自助借还书机，并普遍建立了 24 小时自助图书馆，为用户提供全天候服务。

3.人与人之间的互联

人与人之间的互联主要表现为馆员与用户之间的互联，以及用户与用户之间的互联。

馆员与用户之间的互联主要体现在图书馆工作人员基于新技术为用户提供的服务上，如基于大数据分析技术提供的个人阅读账单服务等。例如，深圳图书馆为用户提供的个人阅读账单服务最初就是由图书馆工作人员提出的。

该服务能从海量的用户数据中提取用户较为关心的数据，并按照主题进行分类，让用户清晰地了解自己的阅读数据。

用户与用户之间的互联主要体现在用户与用户之间的线上图书转借服务上，需要借书的用户与需要还书的用户在线上进行转借确认，确认之后双方即可约定见面，扫描二维码确认转借图书。

例如：深圳图书馆推出的文献转借服务，用户之间通过"我的图书馆"App即可进行图书转借。内蒙古自治区图书馆的线上图书转借服务需要用户之间通过"彩云服务"App来进行线上扫码确认，如果用户无法见面，则可直接通过预约附近的彩云智能中转设备——"云柜"来完成，即还书的用户对"云柜"进行扫码开箱操作并将图书放置在箱内，借书的用户再对同一台"云柜"进行扫码开箱操作，取走图书，从而完成图书转借。

（二）空间再造服务的实践状况

信息技术的快速发展改变了知识信息的交流、传播及获取方式，用户对泛在知识环境的需求也越来越强烈。随着图书馆的服务逐渐向"以用户为中心"转变，图书馆逐渐成为用户进行交流、学习以及研讨的一个重要空间。图书馆空间在图书馆智慧化建设过程中具有不可忽视的重要作用，其被赋予了更多的服务功能。图书馆空间在智慧服务中体现为其空间可以满足用户复杂多变的需求，为用户提供智慧服务。传统的图书馆空间已经无法满足用户的多样化需求，随着图书馆智慧化建设的推进，各公共图书馆加强了对图书馆空间再造的探索。

当前，很多公共图书馆都打造了创客空间，但由于各公共图书馆所在地区经济发展水平存在差异，以及服务理念有所不同，其打造的创客空间也有所区别。

上海图书馆很早就进行了打造这类空间的探索，在 2013 年打造了"创新空间"，以创新工具、馆藏文献、数字技术为基础，以文化创意为核心，以"知识交流、激活创意"为主题,以不同类型的创新型活动项目为载体,营造创新氛围,旨在实现创新灵感和设计的衔接,打造一个信息共享、学习交流的复合型新空间,为创新者提供发展空间。

深圳图书馆打造了集"学习、探索及开拓思维"于一体的创客空间,并在空间内设有四个功能区域:创意作品展示区、创意设计制作区、讨论交流区、研究学习区。在该空间,青少年用户可进行创意交流及实践。深圳图书馆的创客空间提倡用户进行创新活动,将创客的一些独特特质传递给用户,如创客的观念、想法、能力以及素养。同时,也提倡用户进行实践活动,以培养用户的创新力、想象力、协作能力,并将3D打印、机器人实训、手工机床等一整套创客文化服务体系引入该空间。

云南省图书馆打造了青少年创客文化空间,提供教育、文化以及与创客相关的培训和讲座活动。

除了打造创客空间,这些公共图书馆还致力于构建知识共享空间、文化交流空间以及绿色物理空间。知识共享空间包括研讨空间、学习空间、新技术体验空间等;文化交流空间包括学术交流空间、休闲交流空间、文化娱乐空间等;绿色物理空间则是将绿色环保技术应用于图书馆的物理空间。

例如:首都图书馆建设了北京地方文献数字书房,打造了"北京学"研究平台;改造古籍阅览室,营造中华传统文化研究和交流氛围。吉林省图书馆打造了娱乐休闲空间,建设了数字电影放映室、4D影院;打造了绿色物理空间,利用光伏发电、地源热泵技术让图书馆的物理空间变得更加节能、环保;利用信息发布系统、智能楼宇控制技术等使图书馆的空间服务变得更加智慧化和人性化。山西省图书馆打造"悦读'心'体验"空间,用户可以通过红外感应和影像动作识别技术体验神奇的"空中翻书",也可以借助图像识别和人体红外检测技术矫正阅读的坐姿。

（三）虚拟体验式服务的实践状况

公共图书馆的虚拟体验式服务是基于 VR 技术为用户提供的沉浸体验式服务。虚拟体验式服务在公共图书馆智慧服务中主要表现在三个方面：图书馆资源管理与检索、VR 阅读，以及空间导航与漫游。

黑龙江省图书馆为用户提供了多视角的 VR 阅读服务，如在 2019 年春节期间设计了全新 VR 场景，用场景来展示传统年俗及民间故事，设计沉浸式实景交互体验环节，让用户更好地感受春节的氛围，加深用户对传统文化的了解。

辽宁省图书馆设立 VR 体验区，将虚拟现实技术应用到传统文化的传播活动中，为用户构建身临其境的沉浸式场景。

由于应用 VR 技术的成本较高且存在技术壁垒，大多数公共图书馆对 VR 技术的应用程度较浅，应用的范围也较为有限。

二、我国公共图书馆智慧服务取得的成效

（一）东部地区公共图书馆智慧服务模式较为完善

东部地区公共图书馆依托其经济优势大力推动图书馆智慧化进程。与其他地区公共图书馆的智慧化程度相比，东部地区公共图书馆的智慧化程度相对较高，所用技术较为先进，提供的智慧服务内容也相对丰富。

东部地区公共图书馆在新技术的应用方面也相对积极且应用程度较深。例如，在 RFID 技术的应用上，东部地区公共图书馆不仅将 RFID 技术应用于自助借还书服务，还将其应用于智能书架、安全门禁等服务。深圳图书馆还将 RFID 技术应用于图书快速盘点、图书分拣等服务。上海图书馆较早推出结合 iBeacon 技术与位置定位、二维码等技术的定位服务，用户通过手机 App 可以快速定位图书所在的书架位置，在阅览室可以随时知道自己所在的楼层及具

体位置等。

（二）各公共图书馆的智慧服务各具特色

许多公共图书馆在提供智慧化创新服务时，充分结合自己的实际情况，为民众提供具有特色的创新服务。

首都图书馆打造市民学习空间，实现了线上及线下实体空间内的互动学习与交流；上海图书馆开发了参考咨询机器人与读者进行互动；深圳图书馆建设了"图书馆之城"统一服务平台，为读者提供便捷、高效、无差别的一站式图书馆服务；黑龙江省图书馆建设了"智慧书房"，用户不仅可以在线获取数字资源，还可以用手机下载相关资源。

此外，吉林省图书馆利用 VR 技术举办的"VR 贺新春数字文化虚拟现实体验活动"，为读者提供了沉浸式的新春文化体验；辽宁省图书馆提供的"辽图约书"服务，使得读者不出家门即可获得网上借书、送书上门等服务；山西省图书馆提供的"颜值识别借书"服务，使得读者可以通过人脸识别，实现免证借阅；湖北省图书馆建设了"楚天智海"学习中心，创建了学术交流空间、创客创业空间、项目研讨空间、文化传播空间。

（三）各公共图书馆的智慧服务都注重以人为本

各公共图书馆在为用户提供智慧创新服务时，以人为本，以用户为中心，让用户高效、便捷地利用图书馆的服务。公共图书馆提供基于 RFID 技术的服务，使得用户在借还书时更加便捷，其中 24 小时自助图书馆、24 小时街区图书馆的出现为用户随时随地借还书提供了便利。

公共图书馆内设置的咨询机器人不但可以为用户解答一些基础问题，还可以与用户进行一定的互动，用户在不求助图书馆工作人员的情况下即可了解图书馆的一些基本情况，而图书馆工作人员对咨询机器人的用户咨询记录进行整理则可以进一步了解用户的需求，从而有针对性地改善服务，让图书馆的服务更加高效。

公共图书馆提供的支付宝芝麻信用借阅服务能让用户的借书过程变得更加简单，用户在家就可以完成借书过程，不需要支付押金就可以享受书本快递到家的服务。

这些公共图书馆提供的智慧创新服务为用户带来了极大的便利，也使得图书馆的服务深入人心。

（四）各公共图书馆的智慧服务都以技术应用为主

各公共图书馆通过融合现代技术，创新性地提升了服务效率与质量，将 RFID、VR、云计算、人工智能及大数据等技术深度融入图书馆的日常运营中。

公共图书馆应用了 RFID 技术以实现自助借还、智能盘点、自动分拣等服务。RFID 技术是一种非接触式的自动识别技术，能让图书馆馆员从传统的借还书、图书分拣等工作中解脱出来，转而从事其他工作，同时也方便了读者。

一些公共图书馆设置了 VR 体验区，或应用 VR 技术为读者提供导航服务，从而让用户更直观地感受到科技的魅力。

在云计算技术的支持下，公共图书馆推出了多样化的云服务，涵盖了各类云平台服务，为用户提供了更加便捷、高效的信息获取途径。同时，人工智能技术的融入，进一步提升了图书馆的智能化水平，使用户能够即时获得相关服务。大数据技术在图书馆中发挥了重要作用，不仅用于生成阅读账单、构建数据展示墙，还深度参与用户数据采集、用户画像构建、数据挖掘与集成等工作。

随着互联网与信息技术的飞速发展，公共图书馆的移动服务模式也经历了从短信服务到网站服务，再到移动 App 服务的演变，服务载体也从普通手机扩展到智能手机、电子阅读器、平板电脑等多元化设备，实现了服务的全天候、全覆盖，让用户能够随时随地享受公共图书馆提供的丰富数字化资源与服务。

在智慧服务的驱动下，公共图书馆实现了手机、电子阅读器、平板电脑等移动设备间的无缝对接，构建了一个高度灵活的数字化服务体系。手机图书馆作为这一体系的核心，依托无线上网技术，实现了信息的即时双向交流。借助4G、5G网络的良好性能，手机图书馆不仅与数字图书馆紧密相连，还通过移动短信咨询、移动阅读与交流平台，以及网络信息浏览等多种渠道，为读者提供了全面的服务，包括书目查询、图书续借与预订、到期提醒、参考咨询、个性化定制及移动阅读等。

在公共图书馆智慧服务模式中，读者只需要使用手机或平板电脑，便能随时随地享受便捷的服务体验。无论是进行书目检索、图书预约续借、到期查询，还是获取图书馆的公告信息、讲座预告，都变得简单快捷。这种即时性、互动性强的服务模式，极大地提升了用户的满意度。

第三章 公共图书馆智慧服务平台构建

第一节 公共图书馆智慧服务平台构建的基础理论

一、公共图书馆智慧服务平台的特征

公共图书馆智慧服务平台是在用户需求指引下，基于以"用户为中心"的设计理念，整合所有用户可获取的各类型资源（包括纸质/电子/数字化资源，购买/自建/共享/开放获取资源），涵盖现有公共图书馆管理系统的全部功能，遵从专业权威和全球化的开放标准与数据接口规范体系，建立支持区域协作的数据共建共享和云服务架构，形成融合各类人工智能与可视化技术的服务平台。公共图书馆智慧服务平台由用户、公共图书馆和厂商共同进行模块化功能组装、开发与维护，促进公共图书馆的发展。

公共图书馆智慧服务平台的特征如下：

（一）整合用户可获取的各类型资源

随着数字图书馆的发展，公共图书馆的资源类型越来越多。各个公共图书馆的资源管理系统采用的数据模型各异，这就造成了数据统一管理方面的难

题。传统的公共图书馆服务系统不能完全支持智能化服务管理，如空间管理、图书资源的智能化设备的管理，且各类资源的管理较为封闭，无法完全实现与其他系统的无缝对接。各类资源分布在不同的管理系统，且系统间难以建立关联，这使得数据间也难以建立关联。再者，公共图书馆购买的电子资源存放在数据库供应商的服务器中，本地没有任何元数据信息，图书馆较难据此提供应用与拓展服务。因此，公共图书馆需要建设一个新的平台，即公共图书馆智慧服务平台，对相关资源进行整体管理，并提供相应的服务，实现纸质资源和电子资源的统一管理，以便进一步挖掘资源价值。大量电子与数字资源的出现对以往系统造成的冲击，在极大程度上推动了公共图书馆智慧服务平台的产生。

（二）用户需求牵引的设计理念

公共图书馆智慧服务平台不应像以往的系统那样只注重功能实现，而应当面向用户与服务。以往的系统基本是根据"馆员需要什么功能，或者馆员认为读者需要什么功能，因而需要实现什么功能"的理念来设计的。如今，公共图书馆应站在读者的角度，思考读者需要什么服务。当然，公共图书馆也要对服务全局中的各种发展规划与需求作出响应。

在公共图书馆智慧服务平台为用户提供服务的过程中，基于 Web 浏览器和移动终端的平台应用将会越来越普及。在公共图书馆智慧服务平台中，便捷的导航、主题性的内容导引和各类实用的功能等，都非常重要。公共图书馆智慧服务平台应充分利用用户的数据来识别其需求，并编制高质量的、符合用户习惯的用户服务流程。

（三）遵循统一权威的标准和接口规范

回顾过往各代公共图书馆应用系统的发展历程，可以明显看出，这些系统在很大程度上是公共图书馆被动接纳由厂商开发完成的产品。这意味着公共图书馆在系统的定制性和贴合实际需求方面可能存在一定的局限性。在公共图书馆使用这些系统后，由于系统框架早已确定，故而即使公共图书馆将意见和建议反馈给厂商，也很难有根本性的改进。而受经费和人力的限制，公共图书馆又往往不得不从厂商处购买相应系统。鉴于这种情况，在设计公共图书馆智慧服务平台之前，应当由公共图书馆提出各类标准和要求。

例如：在共享接口的同时，必须确保底层系统的权威性与稳定性。应用程序应严格通过应用程序编程接口（API）等标准途径访问平台，以实现与其他应用的互操作性并获取所需数据。开源社区的参与者虽不直接参与底层平台的编码工作，但平台维护团队会根据社区反馈与需求，适时推出新的 API，以丰富公共图书馆智慧服务平台的功能。公共图书馆智慧服务平台的设计需要遵循统一的规范，其核心目标是在云服务架构的基础上，构建一个支持多租户模式的平台，以此来实现底层数据的高效共享与利用，满足多用户环境下的资源复用需求。这一统一数据规范不仅提升了软件运营的灵活性，还显著降低了新增机构用户的接入门槛。

此外，平台标准化的接口规范为公共图书馆与开发人员提供了广阔的扩展空间，使得平台能够轻松延伸至新领域。任何开发人员都可通过这些标准化接口与平台各层进行无缝交互，这也确保了系统的开放性与可替换性。包括程序语言自适应组件在内的所有组件均支持灵活替换，这进一步提升了平台的可维护性和发展潜力。

（四）支持多机构的云服务协同平台

公共图书馆智慧服务平台需要融合各类不断出现的新技术，以往的系统对此未能表现出足够的关注，而云架构的出现有利于实现协同合作的服务理念。

公共图书馆联盟的存在，使得协同服务合作的理念越来越深入人心。基于云技术的服务平台可大幅缩减资源的采购与管理成本，同时也体现了服务理念上的进步。以往的系统通常只展现图书馆特有的资源，而公共图书馆智慧服务平台还支持那些非图书馆所有但所有用户均可获取的资源。

在相关技术支持下，公共图书馆智慧服务平台很容易架设到云（如公有云、私有云）上，而大量的电子资源和数字资源使得这类云的存在更有价值，它的成本较低，能节省存储空间，且存储方便。需要注意的是，并不是所有的数据都应存放在公有云上。对于一些数据，如财务信息、个人隐私等，出于安全考虑，存储在图书馆内部的私有云上可能更合适。因此，公共图书馆智慧服务平台应在公有云和私有云协同的混合云架构下构建，既支持客户端的资源与数据共享服务，又能满足隐私保护和保障数据安全的需求。

（五）具备互操作性的生态系统

具备互操作性是公共图书馆智慧服务平台的重要特点，主要体现在三个方面：

第一，人与应用之间的互操作性。应用的用户界面设计应当符合用户的使用习惯，让用户只需要花费较短的时间便能学会操作。在此基础上，公共图书馆还可以进一步提升应用的智能程度，如依靠人工智能等技术，让应用根据用户以前的习惯预测其下一步操作，为用户提供更便捷的服务。

第二，应用与应用之间的互操作性。公共图书馆智慧服务平台在进行底层设计时应当考虑应用与应用之间的互操作性，降低不同应用间的关联难度。

第三，平台与平台间的互操作性。公共图书馆智慧服务平台在进行底层设计时应当考虑不同机构之间平台的互操作性，降低不同平台间的关联难度。

（六）用户参与的共同开发机制

未来，公共图书馆智慧服务平台应具备开源众包和用户参与的特点，这也是其优势。

为了克服以往系统开发成本高、开发周期长等缺点，公共图书馆智慧服务平台在进行设计时应支持开源。用户更知道自己需要什么，因此他们参与开发的程序从某种程度上来说比厂商自行开发的程序更能满足用户的需求。再者，这样的系统具有更强的可扩展性，能实现功能模块的自由组配。

（七）支持各种智能统计和可视化分析

人工智能技术的应用显著提升了公共图书馆智慧服务平台的智能化水平，使得平台能够自动学习并适应用户（涵盖读者与馆员）的使用习惯，从而提供更加个性化与高效的服务。

智能统计与可视化技术与传统统计方法相比，优势巨大。其不仅能用来进行用户聚类、行为预测等高级分析，还能通过深度挖掘平台海量数据中的关联信息，将原本分散、结构多样的数据进行有效整合。借助可视化数据分析工具，图书馆管理者能够直观地监测图书馆的日常运营情况，进行深度分析，并据此作出更加科学合理的决策，从而进一步提升图书馆的服务质量和运营效率。

（八）支持向下兼容的更新机制

当前，公共图书馆集成管理系统已经发展了数十年，形成了一定的固有流程，用户也形成了一些使用习惯。公共图书馆智慧服务平台应该是对图书馆集成管理系统的升级，要在保留原有系统的资源组织功能的基础上实现进一步发展。当然，还要考虑公共图书馆智慧服务平台的社会性。一个新系统固然有其闪光点，但人们对自己不熟悉的事物总会有一定的抗拒，因此必须将新老系统的兼容性考虑在内：在实际操作中，公共图书馆应考虑其实际业务流程需求，满足现有工作流程中的所有需求；新系统应能实现对原有集成系统中采访、编目、流通和查询模块的顺利迁移，甚至保留原有系统的部分功能，通过数据管理模块实现分布式整合。

具体而言，公共图书馆智慧服务平台需要具备强大的兼容性，既要确保老的应用程序能够无缝迁移至公共图书馆智慧服务平台并继续稳定运行，也要让公共图书馆智慧服务平台上的应用程序能够逆向兼容，有效访问并整合老平台上的数据资源。实现这一点的关键在于构建高效、稳定的新老系统交互机制，确保数据流通与接口对接的顺畅。

在公共图书馆智慧服务平台设计过程中，数据迁移的便捷性与有效性是不可忽视的一环。相关工作人员需要制定详细的数据迁移策略，简化迁移流程，同时避免简单地将老平台内容机械复制至公共图书馆智慧服务平台，以确保公共图书馆智慧服务平台能够展现其独特的创新优势。

为了促进公共图书馆智慧服务平台的快速推广，其在功能布局、操作流程及界面设计上均需追求与老平台的高度一致性，即所谓的"格式统一"。这种设计思路能让用户在公共图书馆智慧服务平台上感受到熟悉的操作体验，而且公共图书馆智慧服务平台在效率与性能上的提升则会成为吸引用户的亮点。通过这样的设计，用户可以轻松地从老平台过渡到公共图书馆智慧服务平台，享受更加便捷、高效的图书馆服务体验。

二、公共图书馆智慧服务平台构建的原则

从信息管理与应用的角度来看，公共图书馆智慧服务平台建设可分为信息汇集、协同感知和泛在聚合三个阶段。公共图书馆智慧服务平台在建设过程中，必须关注用户的实际需求，整合各种信息资源、网络平台，提供让用户放心且安全的使用环境，使用户能够跨越时空、无障碍地使用公共图书馆的资源，满足用户不断变化的各种信息需求。

（一）服务主导原则

在公共图书馆智慧服务平台的构建中，技术、资源和服务是相互依存、相互支撑的关系。技术是必备的手段，资源奠定了内容基础，而服务是最终的结果。阮冈纳赞曾说"书是为了用的"，这句话在当前背景下可理解为"资源是为了用的"。资源是公共图书馆智慧服务平台的核心竞争力，这一理念强调了

公共图书馆作为知识资源集散地的角色，其最终目的在于促进各类资源的广泛、高效流通与应用，以满足社会各界对知识与信息的迫切需求。

为读者提供更好的服务，是构建公共图书馆智慧服务平台的根本目的，也是公共图书馆智慧服务平台的立身之本。

（二）资源集成原则

资源集成是构建公共图书馆智慧服务平台的技术基础。公共图书馆需要借助云计算技术、物联网技术建立文献感知服务系统和整合集群管理系统。这里所说的资源包括印刷型、数字型、网络型等各种类型的资源，资源集成就是在各个文献信息机构、各类文献之间建立起跨系统应用集成、跨部门信息共享、跨媒体深度融合、跨馆际物流速递的服务与管理模式。

（三）以人为本原则

在资源集成的基础上实现资源与人的互通相连，既包括资源与馆员的互通相连，也包括资源与用户的互通相连。这是构建公共图书馆智慧服务平台的关键，体现了以人为本的图书馆发展理念。例如，一些表面看起来无人值守的公共图书馆，其自助服务是建立在前台的服务机与后台庞大的集群网络化布点、信息化管理、一体化物流管理系统之上的。

三、公共图书馆智慧服务平台的框架

公共图书馆的智慧服务主要由其信息化平台实现。在构建公共图书馆智慧服务平台时，应体现智慧化的特征。总体来说，公共图书馆智慧服务平台由物联层、传输层、云计算平台层、平台应用层、技术支撑等部分组成。

物联层包括 RFID 技术、智能传感技术、自动定位技术支持下的电子标签化馆藏资源，以及自助借阅机、查询式计算机、移动终端、GPS 定位器等设备，用以实现馆藏图书的自动上架、智能导航。

传输层根据各感知设备不同的传输需求，通过光纤线路、无线信道、移动通信网络通道，以准确、可靠、安全、快捷的方式，将物联层收集到的数据传输至集成的云计算平台层。

云计算平台层是公共图书馆智慧服务平台框架的核心部分，通过云计算的资源虚拟集成技术，将物联网采集到的存储空间数据、馆藏资源数据以及预设本体/语义标准进行统一存储与维护；同时，对由用户输入的特征数据（如年龄、性别、行业、职位等基本信息）、网络日志记录的用户图书馆场景行为数据（如查询、浏览、咨询、借阅、下载）、网络爬虫抓取的用户交互数据（如分享、交流、点赞）进行统一管理和预处理。

公共图书馆智慧服务平台依托云计算平台集成的全方位、动态、实时的图书馆服务数据资源，在计算能力范围内预设一系列算法与规则，以实现智慧化服务。这些服务主要包括：利用图书与位置感知技术，对实体资源进行智能定位与导航，提高读者查找资源的效率；遵循语用标准，实现对虚拟资源的精准查询，确保用户能够迅速获取所需信息；基于用户行为数据的记录与分析，构建个体行为模型，以发现行为规律并进行预测，为用户提供更加个性化的服务体验；对交互数据进行深入分析，运用协同过滤算法，基于用户之间的相关性推荐资源，增强资源的关联性与用户满意度；汇集并分析全体用户数据，深入挖掘大数据背后的群体价值，为公共图书馆的决策支持与服务优化提供科学依据。

平台应用层能实现用户需求与图书馆资源的直接交互。实体资源管理系统能协助图书馆工作人员完成排架、上架、盘点等一般工作，降低工作难度，提高工作效率；用户自助借阅系统能以高效便捷的方式实现借阅业务全过程（从查询、定位、借书到还书）的自助化；智能查询系统能以资源的语义化关联规则为基础，针对用户的查询需求精准发现资源，降低用户搜寻成本，提高其借阅效率；个性化推荐系统能通过发现和预测用户个体行为规律，主动向用户推荐图书馆资源；用户虚拟社交平台可以是公共图书馆自建的用户交流社区，也可以是借助微信、微博等第三方平台搭建的嵌入式图书馆服务平台，能满足用户表达观点、相互交流的需求；用户个体信息管理系统能设置用户对个体数据的使用权限，尊重并保护用户隐私，同时以可视化的方式向用户提供基于其个体行为数据生成的用户个体分析报告，协助用户总结其学习过程。

公共图书馆智慧服务平台是基于面向服务的框架技术构建的，利用云计算技术使各服务系统无缝衔接，应用语义技术实现资源的智能化组织，通过身份认证技术识别用户身份，为用户提供相应功能模块；同时，使用移动互联、智能传感、GPS 定位、跨媒体集成等技术，实现公共图书馆智慧服务的一体化、泛在化。

第二节　基于知识挖掘的公共图书馆智慧服务平台构建

一、知识挖掘手段及流程

（一）知识挖掘手段

常用的知识挖掘手段包括：基于用户显性需求进行挖掘，以提取其深度需求；针对用户行为数据进行挖掘，以提取其隐性需求或兴趣特征；针对馆藏资源进行挖掘，提取文献知识，形成知识网络。

通常，通过前两种手段挖掘的知识存储在用户的知识库中，而使用第三种手段所挖掘到的知识则存储在资源知识库中。这三种方式都属于定向挖掘，即根据用户需求或人为兴趣设定挖掘目标，将数据转换为知识。

（二）知识挖掘流程

知识挖掘可能用到的关键技术和方法包括遗传算法、决策树、统计学方法、集合论方法、规则推理、可视化技术等。知识挖掘流程如下：

①确定应用领域：学习该领域的基本知识，并确定目标。

②建立目标数据集：收集与提取挖掘所需数据，选择一个数据集或在多个数据集的子集上聚焦。

③进行数据预处理：包括数据清洗、数据集成、数据转换和数据归纳，以保证数据的准确性、完整性和可挖掘性。

④选定知识挖掘算法：根据知识发现与数据挖掘过程中的准则，选择某种特定知识挖掘算法，以用于搜索数据中的"模式"。

⑤知识解释与评价：运用可视化的方式对"模式"进行表示，形成用户可理解的知识；利用预先设定的、可信赖的知识体系作为检验标准，对所构建的知识进行严格审查，以识别其中可能存在的矛盾之处；通过深入挖掘这些知识的潜在应用价值与创新点，确保所传递的知识具备可用性和新颖性。

⑥知识库更新：将确定的挖掘成果存储到知识库中。

二、基于知识挖掘的公共图书馆智慧服务平台框架

在总体架构设计上，可将基于知识挖掘的公共图书馆智慧服务平台细分为六个层次，具体如下：

（一）平台应用层

平台应用层是基于知识挖掘的公共图书馆智慧服务平台的应用支撑，包

括 PC 平台和移动终端平台两大类型。其中，PC 平台即官方网站门户，用户通过浏览器输入网址即可进入官方网站；移动终端平台包括移动 App、WAP 网站以及其他社交应用等。从相关调研数据来看，移动 App 在公共图书馆智慧服务中扮演着重要的角色，其能帮助用户在任何时间、任何地点享受公共图书馆的集成服务，集成服务也具有多样性和智慧性。例如，微信公众号平台近几年发展迅猛，已成为应用较为广泛、功能较为齐全的公共图书馆移动服务方式。

（二）用户交互层

用户交互，即用户通过服务平台，进行统一身份认证、注册登录、检索浏览、提问咨询、评价反馈等操作。平台根据用户需求或兴趣偏好，自动搜索知识库和资源数据库，推荐知识给用户；根据检索请求自动为用户匹配其可能需要的知识库和资源库；对用户查询意图、兴趣等进行推理和预测，为用户提供有效的查询结果。在人工服务中，馆员则借助平台回复用户的提问，与用户直接进行沟通交流。

（三）知识服务层

该层是承接知识存储层和用户交互层的中间层：向上提供接口，借助云计算、互联网、物联网技术等为用户的知识服务平台提供强大的计算支持和匹配支撑；向下为知识存储层提供用户实际需要的知识资源。

（四）知识存储层

随着信息技术的发展，公共图书馆也步入了大数据时代，传统的信息搜索方式已无法满足用户的需求。海量的数据信息资源可通过云存储的方式统一存储在大数据资源库中，包括用户需求信息、行为信息、流通数据等结构化或非结构化数据。之后，采用知识挖掘的方式，从中提炼出有价值的知识并存储在知识库中，供后续使用。

知识库是存储、组织和处理知识的重要集合，是公共图书馆提供知识服务的重要依据。每个知识库都有不同的特点、不同的知识内容和知识结构，且它们彼此相互关联。知识库可分为用户知识库、资源知识库等类型。

（五）知识处理层

知识处理层是通过知识挖掘算法对数据或信息进行处理，并将知识存储在知识库中。知识处理层的工作主要包括数据采集、数据处理、资源协同、知识挖掘、交互与可视化。数据采集即利用数据采集设备收集所要挖掘的数据并建立目标数据集；数据处理包括批处理、图处理、流处理、交互式处理、群体识别处理等；资源协同包括集群调度、分布式协同、分布式通信；知识挖掘即选定挖掘算法，利用文本挖掘、Web 挖掘、机器学习、知识计算、社会计算等关键技术进行数据挖掘，提取知识；交互与可视化包括人机交互数据可视化、用户画像等。

（六）传输感知层

传输感知层一方面为知识处理层提供数据支持，另一方面保证了应用层的高质量运行，丰富了用户体验。移动互联网的出现改变了人们的生活方式，越来越多的用户倾向使用移动设备获取知识资源和享受知识服务。移动互联网的普及，打破了传统公共图书馆服务在空间和时间上的限制。物联网技术能帮助公共图书馆实现全面感知和自动化管理，形成了人物相连、物物相连的"智慧状态"。例如，监控设备、传感器、可穿戴设备、移动阅读终端、二维码扫描设备等可以用于用户数据信息采集工作；无线局域网络、传感器网络、蓝牙网络、光纤网络等能保证数据安全，从而实现数据的快速、实时传输等。

总之，技术的迅速发展给公共图书馆智慧服务带来了无限的发展可能。例如，情景感知技术的广泛应用使得公共图书馆智慧服务平台能够自动发现和利用位置、周围环境等情景信息，自动完成相应配置，为用户提供更加智能化的服务。

第三节　公共图书馆云服务平台的构建

云计算是一个不断发展的概念。简单来说，云计算是存在于互联网之上的服务器集群资源，它包括硬件资源的整合（服务器、存储器、CPU等）和软件资源。在用户通过网络发出指令后，基于云计算整合的服务平台会向用户提供其所需要的资源或信息，并将这些资源或信息传输到用户的本地计算机上。用户的计算机并不需要做任何事情，所有的工作都是由基于云计算整合的服务器来完成的。

一、云计算的特点、架构及模式

（一）云计算的特点

从目前的应用与发展情况来看，云计算有以下几个特点：

1. 资源共享

服务者将各种资源汇集到资源池中，根据用户的需求对不同的物理资源和虚拟资源进行动态分配。资源的所在地具有保密性，用户通常不知道资源的确切位置，也无法控制资源的分配状况。

2. 无处不在的网络访问

网络具有丰富的功能，用户可以通过各种统一的标准机制从多样化的客户端（如智能手机、iPad、笔记本电脑或网络电视等）获取所需资源。

3.弹性服务

弹性服务是指云计算的资源分配可以根据应用访问的具体情况进行动态调整。正因为如此，云计算能很好地满足用户的非恒定需求，如波动很大的需求、阶段性需求等。基于云计算平台提供的弹性服务，用户能够在任意时间得到可以满足自身需求的资源。

4.按需服务

云计算把信息技术作为提供服务的一种方式。这种服务理念是从用户的角度出发来考虑问题的，而不是从服务提供方的角度出发，因此云计算的一个基本特点是按需服务。对用户来说，这种按需服务的方式可以降低他们使用服务的门槛，并有效规避多种潜在风险。

5.计量付费服务

云系统可以通过计量的方法来对云服务的类型进行自动控制，从而实现资源的优化配置。云服务包括存储、处理、带宽和活动用户数等，还可以为服务提供商及用户提供资源使用报告，让他们了解资源使用情况。

（二）云计算的架构

云计算主要为用户提供各种服务，具体包括四个层次：第一层次为基础设施即服务；第二层次为平台即服务；第三层次为软件即服务；第四层次为云管理层。

1.基础设施即服务

基础设施即服务是指把 IT 基础设施作为一种服务通过网络提供给用户。在这种服务中，用户不用建设自己的数据中心，而是通过租用的方式使用基础设施服务，其中包括服务器、网络、存储等。基础设施即服务与传统的服务托管方式有相同之处，基础设施即服务具有灵活性、扩展性，并且能降低运行成本。用户不必购买物理硬件，只要在网络上进行服务申请，便可以建立一个自己的系统环境。

例如，Amazon EC2 云服务器是基础设施即服务的典型。它底层采用 Xen 虚拟化技术，以 Xen 虚拟机的形式向用户动态提供计算资源。除 Amazon EC2 云服务器的计算资源外，亚马逊公司还提供简单存储服务等多种 IT 基础设施服务。Amazon EC2 云服务器的网络资源拓扑结构是公开的，其内部细节对用户是透明的，因此用户可以根据自身需要，方便地使用虚拟化资源。Amazon EC2 云服务器根据用户使用资源的数量和时间计费，充分体现了其灵活性。

2.平台即服务

平台即服务更关注应用程序开发和部署的流程优化，提供了应用程序开发和部署所需的平台和工具。平台即服务提供商将应用程序开发和部署所需的开发工具、数据库、服务器等资源都准备好，用户只需要通过云服务提供商提供的编程接口或者图形用户界面来创建和管理应用程序。使用者不需要管理与控制云端基础设施，如网络、服务器等。提供商提供的编程接口简单易用，所以软件开发人员可以在较短时间内完成开发工作。

平台即服务有两大特点：一是提供应用服务平台的编程接口，开发人员需要根据平台提供的服务接口进行应用程序开发；二是提供应用程序托管平台，针对这个平台开发的应用程序，一般只能在这个平台上使用。

3.软件即服务

软件即服务是用户通过网络获取软件服务的一种服务模式，也是目前较为常见并且使用较多的一种云计算服务方式。用户不必将应用软件统一部署在自己的电脑上或服务器上，而是根据某种服务水平协议，直接通过网络从提供商那里获取自己所需要的、带有相应软件功能的服务。用户主要通过 Web 浏览器来享受网络上的各种服务。

4.云管理层

同上述云服务的三个层次相比，云管理层是云架构中最核心的部分。与过去的数据中心相比，云计算系统最大的优势在于云管理层的优越性。云管理层是前面三个层次云服务的基础，能对这三个层次的云服务进行管理和维护。

(三) 云计算的模式

从架构的角度来看，云计算是比较单一的，但在实际应用中，为满足不同用户的需要，它会演变成不同的模式。美国国家标准与技术研究院（NIST）将云计算分为四种模式：公共云、私有云、社区云、混合云。

1. 公共云

公共云是一个属于供应商的并向广大公众开放的系统。公共云是一种对公众开放的云服务，能够支持用户各种各样的请求。公共云的规模较大，且成本比较低。公共云由供应商运行，能为用户提供各种各样的 IT 资源。公共云具有公开性，能够聚集来自整个社会的规模庞大的资源，进而产生规模效应。

2. 私有云

私有云是对特定客户提供单独应用的服务模式，其对数据资源的安全性和服务质量的控制有着非常高的要求。私有云要求用户必须拥有自己的基础设施，通过在这些基础设施上部署并配置所需的应用程序和服务，从而构建专为企业内部用户定制的独立计算环境和服务平台。私有云可以部署在用户数据中心的防火墙内，还可以部署在安全的主机托管场所。

私有云可由用户自己的 IT 部门构建，也可由云计算提供商构建。在"托管式专用"模式中，像 IBM 公司这样的云计算提供商可以安装、配置和运营基础设施，以支持企业数据中心内的专用云。此模式赋予了企业较大的对云资源进行控制的权利。

3. 社区云

社区云是公共云的一个组成部分，是指在一定的地域范围内，由云计算服务商统一提供计算资源、网络资源、软件和服务模式所形成的云计算服务形式。它巧妙地融合了社区内的网络互联优势和技术整合的便捷性，通过对多样化的云计算服务进行深度整合与精细优化，精准对接并满足社区内用户的普遍需求，从而为用户带来高效、流畅且贴近需求的云计算服务体验。

4.混合云

混合云是公共云、私有云和社区云的结合。由于安全和管理等问题,并非所有的企业用户信息都能放在公有云上,因而大部分已经应用云计算技术的企业会使用混合云模式。很多机构选择同时使用公共云和私有云,一些机构也会同时建立社区云。

二、公共图书馆云服务平台的架构

公共图书馆云服务平台以公共图书馆的馆藏资源和软硬件为基础,旨在充分利用虚拟化技术、分布式技术、并行计算技术拓展硬件设备和软件设施的功能,通过网络将异地操作平台上不同的公共图书馆的软硬件资源有机结合起来,为广大用户提供服务。

(一)知识发现与资源获取集成平台

知识发现与资源获取集成平台是一个由公共图书馆的资源、馆外的可共享资源和国际上的开放获取资源所组成的平台。这里所说的资源包括各公共图书馆现有的资源和以后购买的资源。这个平台上的资源主要由各公共图书馆的文献资源构成,包括印刷文献、电子期刊、电子图书、自建特色数据库、镜像数据库和网络文献数据库等。该平台是一个公共图书馆内部的资源整合平台,可通过云计算服务平台实现这些资源的价值,进而更好地为用户服务。

公共图书馆以外的可共享资源,主要包括中国高等教育文献保障系统、中国高校人文社会科学文献中心、国家科技图书文献中心、中国国家图书馆等提供的资源。在现有的资源基础上,各公共图书馆还可以对国际上的开放获取资源进行挖掘。

（二）数字资产管理云服务平台

数字资产管理云服务平台主要为公共图书馆提供数字资源（主要包括数字化的视频、声频、图像、文本等），并提供集成管理服务。各公共图书馆将自己的数字资产提交到平台上，即可实现集成管理，不需要再单独建立自己的数字资产管理平台，也不需要配备相应的设备、人员，从而减少了支出，保证了信息的安全性。

（三）书刊管理云服务平台

书刊管理云服务平台主要为公共图书馆提供集成化的印刷资料管理服务。各公共图书馆可直接利用此平台，对印刷资料进行编目、流通管理等，无须再建立自己的管理平台，也不用配备相应的设备、人员，从而减少了支出，提高了效益。

（四）云计算服务平台

1.云存储服务平台

云存储服务平台所提供的服务主要包括两方面的内容：

一是存储公共图书馆所拥有的需要长期保存的特色资源，包括各图书馆日常工作过程中产生的资料。公共图书馆馆员对这些资料进行数字化处理后，再上传到各公共图书馆所建设的用户存储空间，这有利于资料的长期保存，为以后各公共图书馆再次利用资料提供了便利，同时也为各公共图书馆节省了购买存储设备的费用。

二是存储广大读者需要保存的资料。广大读者在日常生活、工作、研究过程中会生产大量数字资料，不是每个读者都有能力长期保存所拥有的资料的。因此，读者可以在公共图书馆的云服务平台上申请一个属于自己的存储空间，用于长期保存个人资料。这样，即便不知道资料具体存放在哪个存储设备上，资料的存储原理是什么，读者也可以访问自己存储的资料。

与此同时，云存储服务平台还具备不同存储级别的容灾、备份、快照等功能。云存储服务平台是一个可动态分配资源的服务平台。例如，用户在云存储服务平台上申请了 100 GB 空间，但用户现在只用了 1 GB，而且在一定时间内保持稳定，这时平台实际分配给用户的空间可能只有 5 GB，远小于用户实际申请的空间容量。但是，当客户实际需求增加时，平台会再分配给用户新的存储空间，这样有利于提高资源的利用率。

2.信息技术公共学习和研究平台

各公共图书馆应基于云平台服务，建设信息技术公共学习和研究平台，为广大用户提供开发语言和工具，创造一个以计算机软件开发实践为主的实验平台，进行如 Java、C++、Python 等语言的开发。用户可以利用此平台创建自己的应用程序，也可以将程序部署到平台上，与他人进行学习、交流和研究。

3.云软件服务平台

云软件服务是用户获取软件服务的一种形式，也是目前较为常见、较为常用的一种云服务类型。用户一般不需要将软件安装在自己的电脑或者服务器上，而是根据服务水平协议，直接通过网络从提供商那里获取所需的具有相应软件功能的服务。根据具体需要，平台可通过租用的方式将软件或应用提供给公共图书馆工作人员和读者使用。云软件服务平台可整合各公共图书馆工作人员在工作中需要用到的软件以及读者在日常生活中需要用到的软件，为他们提供免费服务或有偿服务。

构建公共图书馆云服务平台，需要对整个平台进行高效、安全的管理，从而形成云管理层。对公共图书馆云服务平台的管理，具体包括用户管理、任务管理、平台管理、资源管理以及基础设施维护等。通过云管理层对公共图书馆云服务平台进行统一管理，有助于增强公共图书馆服务平台的稳定性，为其长期良性发展奠定基础。

4.基本服务平台

该服务平台由一系列软件构成，其提供的基本服务包括统一权限认证服务、全文检索服务、支付服务、计费服务、信息管理服务、信息发布服务、数字对象存储和下载服务、元数据联合编目服务、资源调度服务等。这样的服务可以直接面向各公共图书馆，也可以通过一系列开放平台提供给各公共图书馆。

三、公共图书馆云服务平台构建的意义及问题

（一）公共图书馆云服务平台构建的意义

信息技术的发展使得公共图书馆的服务方式发生巨大的变化。云服务平台的构建与应用，对公共图书馆的资源建设与共享、业务流程、服务等有着巨大的影响。

1.有利于公共图书馆的资源建设与共享

云计算简化了 IT 架构的实施流程，为用户提供了一种理想的资源获取方式。云计算服务平台为公共图书馆提供了成本低、效率高、安全性高、竞争力强的计算机技术。云存储可以解决大量数字资源需要存储与单个公共图书馆馆藏能力不足这一矛盾；云计算为公共图书馆读者提供了信息服务平台，也提高了各公共图书馆馆藏信息资源的安全性；云计算还可以提高各公共图书馆数字化资源的利用率，形成一个低成本、本地化、标准化的适应公共图书馆发展需求的云计算方案，实现信息资源的共建与共享。

2.有利于完善公共图书馆的业务流程

云计算技术在公共图书馆中的应用，是公共图书馆的一项重要战略选择。公共图书馆领域一旦运用云计算技术，就需要在各个方面进行大的调整，尤其是在信息基础设施方面，要对原有的信息系统及业务流程进行重新部署。这样会使 IT 管理方式发生巨大变化，其中包括公共图书馆各部门的业务流程变化、IT 部门工作人员的数量和结构变化、公共图书馆在云计算服务质量监控和控制能力等方面的变化。

当前，公共图书馆除实体服务外，几乎所有的业务与服务都建立在计算

机和互联网的基础之上，如果公共图书馆的各项服务都要依赖云计算技术，那么必将导致传统基础业务流程的深刻变革，需要对其进行拆解与重新组合。在此过程中，公共图书馆可能会考虑将部分非核心业务进行外包。

3.有利于提高公共图书馆的服务质量

第一，软件服务是以网络服务方式提供各种软件的应用的，如图书馆自动化系统、办公自动化系统等；第二，现代公共图书馆都有大量的数字信息资源，不管是公共图书馆自建的还是其购买的数字信息资源，都可以存放在云计算存储服务平台上；第三，中心公共图书馆作为云计算提供商，提供本地数据或者其他业务支持；第四，公共图书馆可以利用云计算技术，深入研究和了解商用云计算平台的特点与优势，进而制定出一套适合自身需求的商用云计算平台运营方案，以有效解决图书馆在本地和局部范围内应用云计算平台时可能遇到的问题；第五，云计算可以对互联网上的资源进行整合，再通过公共图书馆这一信息传递中介，向用户提供快捷、快速的网络资源整合服务。

（二）公共图书馆云服务平台构建的问题

公共图书馆云服务平台对于一些公共图书馆而言可能还是一个新鲜事物，云计算是一种尚在发展中的技术，一些公共图书馆对云计算的应用可能还持观望态度，其主要原因如下：

1.云计算本身的信息安全问题

基于云计算技术所构建的公共图书馆云服务平台提供的是虚拟服务。在运用云计算技术的过程中，可能会产生信息安全问题，这一问题不可忽视。在云服务平台上，各类数据存储在不同的数据中心。由于云服务平台有众多的服务器，各公共图书馆不知道自己的数据信息储存在哪个服务器上，确定不了数据的具体位置，所以如何保证信息安全就成了一大难题。因此，各公共图书馆在运用云计算技术进行资源整合时，面临着信息安全问题。

2.公共图书馆自身的问题

在公共图书馆云服务平台构建过程中，公共图书馆自身也存在一些问题：

（1）资金问题

构建公共图书馆云服务平台前期需要大量资金，而各地区公共图书馆的经济来源与经济状况各不相同，因此需要政府的支持与协调。

（2）数字资源版权问题

借助公共图书馆云服务平台，各公共图书馆之间可以通过相关协议来共享彼此的信息资源。这样各公共图书馆之间的信息资源可以互补，方便用户利用各公共图书馆的资源，从而提高信息资源的利用效率，但这样也会带来数字资源版权问题。数字资源版权问题会极大地影响公共图书馆云服务平台的建设进程。

3.基础环境问题

（1）数字信息环境需要改善

从公共图书馆云服务平台的发展现状来看，数字信息环境需要进一步改善。数字信息资源分布不合理的问题比较突出：在经济发展水平较高地区的城市图书馆，数字信息布局良好；但一些小城市和广大农村地区的公共图书馆，数字信息资源严重不足，这就导致了数字信息分布不均和数字鸿沟等问题。

（2）技术水平不均衡

由于不同区域的公共图书馆隶属于不同的部门，且区域的经济发展水平不同，再加上各级政府部门对公共图书馆的重视程度不同，各类型公共图书馆云服务平台在技术创新能力、技术水平等方面也存在着明显的差异。具体表现为：核心地区（或单位）公共图书馆云服务平台的技术水平普遍高于非核心地区（或单位）公共图书馆云服务平台的技术水平，比如国家重点高校图书馆云服务平台的技术水平普遍高于普通高校图书馆云服务平台的技术水平；省级公共图书馆云服务平台的技术水平明显高于市级公共图书馆云服务平台的技术水平，而市级公共图书馆云服务平台的技术水平通常又高于县级公共图书馆云服务平台的技术水平。

第四章　公共图书馆个性化智慧服务模式

第一节　公共图书馆个性化智慧服务的特征和意义

公共图书馆个性化智慧服务是指根据图书馆用户的信息需求，通过应用互联网、人工智能、大数据等技术，在对公共图书馆用户的专业背景、个性特征、知识结构、兴趣爱好、行为方式等进行分析研究的基础上，通过系统推送、用户定制等功能，向公共图书馆用户提供更具有针对性的智慧服务，满足用户的个性化需求。

一、公共图书馆个性化智慧服务的特征

公共图书馆肩负着文化传承的重任，是用户获取信息服务的重要途径之一。公共图书馆的个性化智慧服务分为两种：一种是随时随地满足用户个性化信息需求的服务；另一种则是在主动分析用户信息需求的基础上为用户提供智慧服务。公共图书馆个性化智慧服务的目的是满足用户的个性化需求。

公共图书馆个性化智慧服务模式的主要特点是"用户需要什么，图书馆就提供什么"，为用户提供更加准确、针对性更强的个性化服务；在提供传统信

息服务的基础上，利用个性化系统、智能软件等满足用户的个性化需求。并且，随着移动智能终端设备的发展，公共图书馆的服务时间和地点不再受限制，用户能够随时随地查阅馆藏资源、个人信息等。具体来看，公共图书馆个性化智慧服务的特征主要体现在以下几个方面：

（一）层次化与纵深化

公共图书馆个性化智慧服务的层次化是指不同层次的用户对信息需求的侧重点有所不同，公共图书馆要根据用户的不同需求提供有层次的智慧服务。公共图书馆的用户主要是大众读者，因此公共图书馆应根据用户群的不同层次，针对用户潜在的深层次的信息需求，改变以往的浅层服务模式，为用户提供全面系统的、有针对性的信息解析服务，并通过与用户的交流、沟通，不断挖掘用户更为深入、具体的信息需求。

公共图书馆个性化智慧服务的纵深化是指公共图书馆通过提供专门化、个性化、精品化的智慧服务，最大限度地满足用户的知识需求，这是针对传统信息服务覆盖面广而浅的问题而言的。在知识经济时代，用户更想获取有深度的信息内容，如文献全文、针对所查询问题的较全面的答案，以及经过分析加工而形成的解决问题的具体方案等，而不再满足于获取相关信息、线索、文献书目数据或参考数据等。因此，公共图书馆在提供个性化智慧服务时，应协助用户形成可用于解决实际问题的方案，为不同层次的用户提供相应的知识服务。

（二）针对性和主动性

公共图书馆个性化智慧服务要满足用户的个性化信息需求，提供真正面向个人的解决方案。公共图书馆个性化智慧服务是一种针对用户个性化需求的、适用性较强的服务模式，它强调以用户兴趣、习惯、偏好和特点为基础，以先进的现代信息技术为手段，注重服务的针对性和主动性。

公共图书馆个性化智慧服务的针对性是指，公共图书馆要采用一定的技术手段，充分了解用户需求，建立个体用户信息库，通过用户信息档案随时分析用户需求，为用户提供信息推送服务、课题跟踪服务、在线参考答询服务等个性化智慧服务。同时，公共图书馆还应根据本地区特色，建立特色数据资源库。

公共图书馆个性化智慧服务的主动性是指公共图书馆在提供个性化智慧服务时，以用户为中心，主动分析用户的具体需求，主动推送用户想要的信息。公共图书馆个性化智慧服务从根本上改变了以往"我提供什么，用户接受什么"的服务方式，实现了"用户需要什么，我提供什么"的个性化智慧服务，这使得公共图书馆真正从被动服务转向主动服务，实现了用户和用户之间、图书馆和用户之间的深层次互动。

（三）集成化

公共图书馆个性化智慧服务是一种集成化服务，即根据某一特定主题，将来自不同信息源的相关信息有机地整合成一个整体，借助网络技术和应用软件，对公共图书馆各种服务进行整合，从而为用户提供综合服务。这种集成化服务主要包括信息资源、信息内容、信息技术、服务方式或手段的集成。公共图书馆在提供集成化服务时，能为用户提供"一步到位"式的操作界面，而后台则是整体化的信息资源保障体系，能为用户提供围绕主题的知识信息服务，帮助用户在海量的信息中识别信息，快速找到自己所需的信息。

（四）合作式参考咨询

参考咨询服务是公共图书馆知识信息服务的核心内容。公共图书馆的个性化智慧服务能为用户提供合作式参考咨询服务，它以庞大的互联网资源和众多公共图书馆的馆藏资源为依托，以全球网络为桥梁，以各公共图书馆的资深参考咨询员为后盾，借助一定的数字参考系统，从而为在任何时间、任何地点提出问题的任何用户提供参考咨询服务。

提供合作式参考咨询服务的前提是制定信息资源开发利用的标准,其中最主要的问题包括数据的标准化,软硬件开发和测试的标准化,通信协议、多媒体数据压缩和网络通信的标准化等。只有建立标准化的知识服务平台,才能为用户提供合作式参考咨询服务,让用户最大限度地获取知识资源。

二、公共图书馆个性化智慧服务的意义

(一)更好地满足各层次用户的需要

不同层次用户的信息需求会有所不同,所要求提供的信息服务也会有所区别。例如,科研人员要求掌握学科的前沿动态;教师侧重了解教学参考资料和最新的教学方法;在校学生则需要能帮助其完成学业和推动其全面发展的文献资源。再者,公共图书馆个性化智慧服务的对象是拥有不同专业知识的读者,他们对信息的需求主要集中在自己喜欢的领域上。此外,不同知识水平的读者具有不同的信息需求,同一知识水平的不同层次的读者,其信息需求也是不尽相同的。公共图书馆提供个性化智慧服务,有利于充分开发图书馆的各种信息资源,针对不同层次、不同需求的服务对象提供个性化的服务。

(二)符合新形势下的发展要求

计算机技术、网络技术的快速发展,使得信息资源的类型日益多样化,进而出现了网络型、视听型等类型的信息资源。人们能更加方便、快捷地获取信息,甚至足不出户就能在互联网上查阅自己需要的信息。但是,随着信息资源类型的多样化发展,人们面对的信息量剧增,这导致人们在大量的信息中准确、快速地查找自己所需要的信息并不那么容易。

一方面,人们一次搜索得到的信息可能有成千上万条,但其中有用的却很

少；另一方面，不同类型、不同载体的数据库大量增加，使得网站的用户界面变得十分复杂，用户为了得到不同类型的资源，往往需要使用不同的检索工具，而有些检索工具的操作过于复杂，大大增加了用户利用网上信息资源的难度，还有些用户不知道如何按搜索引擎所需要的格式输入检索词，表达自己的信息需求，就更谈不上准确地寻找所需信息了。

公共图书馆顺应时代发展的要求，转变传统的服务理念，构建个性化智慧服务模式，提供专业化服务，满足用户的个性化需求。

第二节　公共图书馆个性化智慧服务的内容

公共图书馆个性化智慧服务的内容包括个性化智慧借阅服务、个性化智慧参考咨询服务、个性化智慧推荐服务、个性化智慧检索服务和个性化智慧互动服务。

一、个性化智慧借阅服务

公共图书馆个性化智慧借阅服务是互联网技术与智慧服务理念相结合而产生的新型借阅服务模式。

（一）移动智慧借阅服务

移动智慧借阅服务包括支付宝借阅服务、微信借阅服务、读者证二维码借阅服务以及客户端借阅服务。

首都图书馆将图书馆服务接入支付宝、微信等平台的城市服务，为用户提供支付宝借阅服务、微信借阅服务等。

上海图书馆推出支付宝图书馆城市服务微站，用户认证读者证后，可以一键续借、查询馆藏图书，还可以基于位置信息寻找附近的图书馆，形成"查书—借书—续借—还书"的完整闭环。

深圳图书馆借助微信、支付宝为读者提供"图书馆之城"移动服务，为了便于读者通过移动终端转借文献，深圳图书馆还开发了"深圳文献港"App，为读者提供手机借阅服务。

黑龙江省图书馆在市内设立了"智慧书房"，并为其配备了一台报刊阅读机和一台公共文化一体机，读者不仅可以直接通过报刊阅读机和公共文化一体机借阅图书、期刊，还可以把自己感兴趣的内容下载到手机上。

吉林省图书馆推出了客户端借阅服务以及微信借阅服务，读者可以通过吉林省图书馆App或微信借阅图书。

湖北省图书馆将图书馆服务引入支付宝城市服务，用户可以在手机上通过支付宝绑定读者证，查看对应证号的图书借阅日期、借阅数量、归还日期等信息，也可检索馆藏图书，点击杂志精选，查看最新活动公告等。

另外，一些公共图书馆还推出了读者证二维码借阅的新型借阅服务。在本书调研的这些公共图书馆中，读者证二维码借阅服务的覆盖率约为30%。上海图书馆推出读者证二维码借阅服务，读者可在手机App上通过身份证生成读者证二维码，借书时扫码即可，同时，读者证二维码也可用于图书馆门禁或在自助设备上使用；深圳图书馆推出了读者证二维码借阅服务，读者可以通过深圳图书馆的微信服务号进行办理，也可以使用读者证二维码借阅图书；辽宁省图书馆和山西省图书馆也推出了二维码借阅服务，读者可以在图书馆的微信服务号中绑定借书证（或读者证），生成个人二维码，在借书时出示二维码即可。

对公共图书馆移动智慧借阅服务的调研结果显示，微信借阅服务的覆盖率最高,约为 85%;而支付宝借阅和读者证二维码借阅服务的覆盖率较低,约为 30%。

(二) O2O 线上线下智慧借阅服务

O2O 是一种电子商务模式,指顾客在线上购买商品以及服务,在线下获得商品并享受服务的过程。公共图书馆可利用这一模式来实现图书馆线上线下借阅服务的互动融合。

例如:深圳图书馆推出了网上预借以及新书直通车服务,可以为读者提供送书上门服务,读者可通过深圳图书馆的微信服务号、支付宝城市服务中的图书馆服务等预借深圳图书馆的图书并选择快递到家服务;辽宁省图书馆、山西省图书馆以及湖南图书馆,都推出了线上借阅、线下快递到家服务,读者在还书时选择"预约还书"就可以让快递人员上门取书;内蒙古自治区图书馆推出了"彩云服务",读者通过"彩云服务"App 可在线上借阅书籍,然后在家就可以收到物流公司送来的纸质书籍。

(三) 信用借阅服务

公共图书馆的信用借阅服务是指图书馆用户基于第三方信用服务平台(如支付宝)的信用指数,在满足一定条件的情况下,可免除押金,享受公共图书馆提供的借阅服务。公共图书馆为用户提供信用借阅服务,能帮助图书馆用户建立信用意识,同时也深化了移动互联网在公共图书馆领域的应用。

近年来,各大公共图书馆纷纷开始探索信用借阅服务并进行了实践。例如:上海图书馆结合支付宝芝麻信用推出了信用借阅服务,支付宝芝麻信用分超过 650 分的读者可享受线上免押金借书服务;辽宁省图书馆、山西省图书馆以及湖南图书馆,推出了支付宝芝麻信用免押金线上借书、快递到家服务,只要读者的支付宝芝麻信用分在 600 分以上,就可以在支付宝的芝麻信用借书入口处享受免押金办证、借书、快递到家等服务。

二、个性化智慧参考咨询服务

个性化智慧参考咨询服务是公共图书馆基于人工智能技术提供的智慧机器人参考咨询服务。一些公共图书馆还引入了 IM 咨询机器人为用户提供咨询服务。公共图书馆引入咨询机器人可以有效提高图书馆咨询工作的效率,减轻图书馆工作人员的负担,让图书馆工作人员有更多的时间为用户提供更好的图书馆服务。

咨询机器人能够进行智能回复,并能够实现关键词或主题的自动匹配。咨询机器人的机器人系统和公共图书馆预设的知识库连接,用户在机器人显示屏中输入想要知道的问题后,机器人即可通过关键词或主题匹配的方式,在图书馆的知识库中查找答案,然后为用户解答。咨询机器人还可以为图书馆用户连续提供实时咨询服务,帮助用户快速获得其想要的信息。

上海图书馆推出了参考咨询机器人"图小灵",机器人主要放置在办证处和中文书刊外借室,以接受读者问询。"图小灵"不仅能为用户处理一些业务问题,还可以为用户查询天气、路线等。

深圳图书馆推出了 IM 咨询机器人"小图丁",该机器人可以回答用户经常咨询的问题,为用户提供实时咨询服务,帮助用户更加方便地获取自己想要的信息。

辽宁省图书馆推出了咨询机器人"图图"。"图图"可以回答用户的一些简单提问并对用户的一般性咨询进行解答,也可以为小朋友讲故事、唱歌。同时,"图图"还可以与用户进行互动,在用户发出问路语音后为其指路。

湖北省图书馆的咨询机器人是根据用户需求定制的,可以满足用户的各种需求,如馆藏书目检索、为儿童讲故事、咨询解答等。在需要进行馆藏书目检索时,用户可以直接对机器人说出所需书目的名称,机器人则会根据用户需求进行分析,然后为用户提供书目索引号等信息。对于一些用户关注度较高的图书馆业务基本问题,如借阅证办理流程、借阅规则、图书馆开馆时间等,用户直接向机器人咨询就可以得到答案。

个性化智慧参考咨询服务系统帮助公共图书馆实现了自助咨询，不仅提高了咨询效率，也有助于公共图书馆进行知识管理。目前，我国公共图书馆中运用参考咨询机器人的还相对较少，参考咨询机器人在满足用户个性化需求方面的能力有限，其灵活度也有待提升。

三、个性化智慧推荐服务

个性化智慧推荐服务是指公共图书馆基于大数据技术，根据图书馆用户的特点和兴趣，推荐用户感兴趣的信息，它是一种主动的、深层次的、个性化的服务。公共图书馆通过挖掘网络信息数据，可以深入了解图书馆用户的兴趣和需求，为用户提供个性化的推荐服务。

公共图书馆可在数据挖掘的基础上，根据图书馆用户的需求主动为其推送信息。个性化的信息主动推送服务，即图书馆定期将自动收集的用户感兴趣的信息主动、不间断地推送给用户，这能够帮助用户节省寻找信息的时间，提高用户获取信息的效率。

首都图书馆推出了阅读推荐服务，能为用户提供中文图书、外文图书以及电子图书的推荐服务。

上海图书馆也推出了智慧推荐服务，读者可通过手机 App 查看热门图书及推荐图书，也可以检索自己感兴趣的图书，还可以查询上海市内其他图书馆的馆藏状态。同时，读者如果有外借图书的需求，可用手机 App 对图书进行定位，也可直接通过手机 App 将图书名添加到索书列表并提交索书请求，图书馆馆员会在图书出库之后，通过 App 及时将出库提醒推送给读者，读者收到提醒后就可以直接去借书点借书了。

吉林省图书馆的个性化智慧推荐包括相关借阅信息、可能感兴趣的图书、同名作者的其他著作、相关收藏等。

（一）模式设计

个性化推荐技术有助于公共图书馆了解用户的真实需求，为用户提供精准的推荐服务。目前，公共图书馆常用的个性化推荐技术有协同过滤技术、基于内容的推荐技术等，但运用这些技术时，普遍面临数据不足的问题，这导致公共图书馆在深入刻画用户深度特征以及全面把握用户整体特征方面存在明显的局限性。本书论及的个性化智慧推荐服务模式的核心是构建用户画像，根据用户特征及资源特征进行匹配，从而主动为用户推送相关知识或资源。与检索服务下的信息推荐有所不同，个性化智慧推荐服务不以用户提交的需求为前提，而是借助信息过滤、知识发现等技术，基于用户的大量行为数据，自动提取用户需求特征，为用户提供其可能需要的信息。

个性化智慧推荐服务依靠推荐系统、用户数据库以及图书馆的资源库和知识库，为用户提供推荐服务，并依托用户反馈机制，更好地完善推荐算法，保证推荐服务的准确性。一方面，该服务模式需要提取资源库中资源的属性特征以及主题特征等，建立资源特征模型，形成资源集；另一方面，该服务模式需要对用户数据进行挖掘，通过标签化处理构建用户画像，由推荐系统根据推荐算法匹配用户偏好及资源主题，最终使用户获得其可能感兴趣的资源集。

提取到的资源属性特征和主题特征，属于知识类型，可为公共图书馆的决策提供参考。公共图书馆的相关人员可通过系统平台展示推荐结果，并通过官方网站、移动端等渠道推送给用户。为了提升用户的参与度及推荐的精准度，公共图书馆还可建立用户反馈机制。对于推送的资源，用户可选择喜欢或不喜欢，相关系统则根据用户的反馈自动校正推荐算法。用户也可主动提交感兴趣的主题，以帮助系统完善推荐算法。

（二）服务内容

从用户特点来看，个性化智慧推荐服务可分为单用户的个性化推荐服务和群体用户的个性化推荐服务。对大量用户行为数据进行分析就会发现，单一用户的兴趣偏好具有独特性和无规律性，但通过相似性计算则发现，某一类用户因为年龄阶段或研究领域等相似而在兴趣偏好上表现出群体特征。

公共图书馆除了为单用户提供个性化推荐服务，还应针对不同群体的特点，对服务内容进行精细划分，为不同群体提供有针对性的推荐服务，从而降低管理成本，提高用户服务质量。当前，很多公共图书馆都在官方网站首页设置了资源推荐栏目，但是该栏目通常只包括静态推荐和动态推荐两种形式，只有检索系统才能提供个性化推荐服务，这显然不利于提升用户体验。因而，除静态推荐和动态推荐外，公共图书馆还应在资源推荐栏目提供个性化智慧推荐服务。

四、个性化智慧检索服务

（一）模式设计

用户需求通常包括用户的显性需求、模糊需求和隐性需求。在检索信息时，用户输入的检索表达式即为用户的显性需求；用户无法用检索表达式准确表达的需求即为其模糊需求；用户尚未意识到的需求则为其隐性需求。个性化智慧检索服务的重点在于可以记录和分析用户的检索行为，对用户的查询计划、意图、兴趣等进行推理和预测，准确表达用户的模糊需求，深入挖掘用户的隐性需求，在提高检索的查全率、准确率的同时，为用户提供检索引导和知识推荐服务。

在个性化智慧检索服务模式下，用户向平台发出检索请求，检索处理程序对用户的检索请求进行语义分析、兴趣提取以及启发拓展，自动生成检索策略，对馆内外资源进行采集，生成索引库和知识库，以平台交互的方式将匹配的检索结果和信息一起呈现给用户。在检索过程中，检索系统可以与用户知识库进行交互，以不断根据用户反馈进行调整。此外，检索系统还可以提供检索帮助服务和检索反馈服务，为用户提供能与系统友好互动的渠道。与传统信息检索服务相比，个性化智慧检索服务更加个性化，具有更强的互动性、智能性和灵活性，更受用户欢迎。

（二）服务内容

个性化智慧检索服务旨在通过分析用户检索需求和行为，满足用户的深度需求，提升用户体验。具体来说，个性化智慧检索服务的内容包括：

1.个性化智能导航

个性化智慧检索服务能够根据用户多样化的检索需求，按照文献类型、学科主题、数据库分类等建立信息资源导航库。整合后的导航库里只存储相关信息的索引数据和 URL 地址。同时，通过挖掘、分析用户的检索行为数据，该系统可根据不同用户的检索习惯和潜在需求，在检索方式、检索策略、检索结果、检索内容等方面为用户提供定制化服务。

2.个性化语义检索

个性化智慧检索服务不再拘泥于传统的关键词识别，而是基于语义关联技术，从语义层面识别用户的检索语句，准确地捕捉和组织用户的检索意图，并通过逻辑推理实现对资源和知识的检索，从而更准确地向用户反馈最符合其需求的检索结果。个性化语义检索要求公共图书馆通过语义关联技术对馆内外资源进行重新整合，以实现统一检索。

3.个性化检索推荐

个性化智慧检索服务是在检索系统之下提供的推荐服务。一方面，系统根据用户的检索习惯和兴趣偏好，在用户输入检索词时为用户提供热门检索词或用户可能感兴趣的检索词，主动为用户提供导引服务；另一方面，在用户输入检索词之后，系统根据用户兴趣为用户提供相似主题的书目或者为用户推荐其可能感兴趣的书籍等。

4.个性化社交互动

个性化社交互动是把社交平台与检索内容连接起来，使用户在检索书目时可以查看社交平台上关于该书籍的评论，实现与外部用户的沟通。

5.个性化智能代理

个性化智慧检索服务还引入了智能代理技术，通过智能代理器，自动为用户搜集、索引、过滤相关信息，省去人工干预。该技术还可以主动构建用户模型，为用户推荐其可能感兴趣的信息。个性化智能代理使得个性化智慧检索服务具有自主学习性和高度智能性。

6.个性化检索知识拓展

系统通过知识挖掘，为用户提供检索资源之外的可视化知识（如借阅关系图、检索数据统计图、检索建议等），辅助用户进行检索。

除上述服务内容外，公共图书馆提供的个性化智慧检索服务还能够使用户通过手机 App、WAP 网站实现移动端检索。此外个性化智慧检索服务利用移动互联网技术的优势，拓展了系统检索的功能。例如，二维码技术可以帮助用户将检索结果传递到手机客户端。在信息资源的组织方面，个性化智慧检索服务表现出整合集群的特点，可实现统一检索以及区域联盟检索。

五、个性化智慧互动服务

（一）模式设计

公共图书馆作为文化传播和社会教育的重要机构，是引领和推进全民阅读的重要组织。在移动互联网技术快速发展的背景下，SoLoMo 模式（Social、Local 和 Mobile）的提出，为公共图书馆互动服务提供了新的思路。公共图书馆的个性化智慧互动服务，是基于用户知识库，紧密围绕读者的多样化需求，运用智慧化技术手段，精心策划并实施的一系列具有针对性的互动活动和个性化的阅读体验。

本书提出的个性化智慧互动服务模式，以社交平台为主，以 SoLoMo 模式为辅，具有开放性、个性化、智能化、本地化的特点。互动方式可以分为用户与图书馆之间的直接互动、用户与图书馆馆员之间的深入交流、馆员之间的协作互动，以及用户与用户之间的共享与讨论。在个性化智慧互动服务模式下，公共图书馆不仅能开展名家讲坛、知识竞赛、读者培训、公益服务等活动，还能为不同身份的用户打造全方位交流和互动的空间，提高资源的利用率，促进全民阅读。

（二）模式特点

在个性化智慧互动服务模式下，公共图书馆馆员可通过了解用户需求、用户兴趣偏好以及用户关系图，开展更有针对性的读者活动。个性化智慧互动服务模式的特点如下：

1. 开放性

在个性化智慧互动服务模式下，公共图书馆可接入移动互联网，与社交平台相结合，这体现了个性化智慧互动服务的开放性。用户可根据自己的习惯，登录服务平台，实现 PC 端与移动端的互联；也可报名参与现场活动，实现虚拟与现实、线上与线下的互动。开放的平台不仅改变了用户与公共图书馆的交流方式，也拉近了用户与公共图书馆之间的距离，降低了公共图书馆的宣传成本和沟通成本。

最重要的是，借助移动互联技术和社交平台，公共图书馆可提供跨时空的在线阅读服务，保障用户便捷、公平地享受公共图书馆的文化服务。另外，互动空间和创客空间为用户提供了线下交流空间。例如，创客空间改变了传统公共图书馆的互动服务模式，成为公共图书馆的"创业孵化地"。现代公共图书馆提供的社交性学习与交流空间，则使得公共图书馆不再只是一个简单的阅读场所，而成为人与人、人与信息自由交流的空间。

2. 个性化

用户知识库的建立，为公共图书馆的活动策划、服务方式改进等提供了重要的参考。公共图书馆可根据用户需求划分读者群，利用互动服务平台开展专题活动，实现基于读者群的个性化阅读活动推送服务，从而提升活动的精准度，降低个性化智慧互动服务的管理成本。公共图书馆还可以根据用户的行为信息，针对用户的需求，为其提供相关培训等。除此之外，为用户创造个人空间也是个性化智慧互动服务的重要内容，用户可通过关注、点赞、评论、报名等方式参与公共图书馆组织的相关活动，还可以查看所参与活动的历史信息以及管理个人活动信息等。

3. 智能化

在人工智能技术高速发展的时代背景下，公共图书馆可为用户提供智能化的互动服务，这不仅减轻了一线馆员的工作负担，还能够使用户与图书馆的互动更具趣味性。除此之外，VR 体验、3D 打印等智能技术已逐渐融入公共图书馆与用户的互动活动，给用户带来了更好的互动体验。无障碍数字图书馆、无障碍阅读设备、无障碍阅览室等也为残疾人的文化生活带来了便利。

在个性化智慧互动服务模式下，公共图书馆还可建立规范化的信息智能推送体系，充分利用手机 App 消息、站内信、手机短信等推送渠道，实现图书馆与用户的智能交互。

4. 本地化

个性化智慧互动服务模式的本地化主要表现为公共图书馆提供的基于位置的互动服务。基于位置的互动服务指的是公共图书馆使用定位技术、通过移动终端设备自动获取用户的位置信息，提供与位置相关的各种互动服务。目前，国内外公共图书馆已开发的基于位置的互动服务有图书馆导航与指引服务、用户与资源定位导航服务、自动签到服务、基于位置的信息推荐服务、基于位置的社区交流服务、读者数据实时分析服务等。提供基于位置的互动服务有利于公共图书馆实现用户与资源、空间的立体互联，从而为用户提供更好的借阅体验和更多样的互动交流方式。

第三节 公共图书馆个性化智慧服务技术

一、数据挖掘技术

（一）数据挖掘的概念

数据挖掘技术是一种数据处理技术。数据挖掘是从大量的、不完全的、有噪声的、模糊的、随机的数据中，提取出隐含在其中的、人们事先不知道但可能有用的信息和知识的过程。

（二）数据挖掘的步骤

从数据自身来考虑，通常数据挖掘需要有信息收集、数据集成、数据规约、数据清理、数据变换、数据挖掘实施、模式评估和知识表示八个步骤。

1.信息收集

信息收集，即根据确定的数据分析对象，抽象出在数据分析中所需要的特征信息，然后选择合适的信息收集方法，将收集到的信息存入数据库。对于海量数据而言，选择一个合适的数据仓库进行数据存储与管理是至关重要的。

2.数据集成

数据集成即将不同来源，具有多样格式、不同特点和性质的数据，在逻辑层面或物理层面上进行有机整合与集中，旨在构建一个全面、统一的数据集合，以便为各类应用提供全面、丰富且一致的数据支持。

3.数据规约

在执行大多数数据挖掘任务时，即便是面对少量数据也可能耗费较长时间，而商业运营中的数据挖掘任务往往涉及极为庞大的数据量。为了应对这一挑战，数据规约技术应运而生。该技术旨在通过提取数据集的规约表示（即一种体积更小但能保持原数据关键完整性的形式），来减少数据量，同时确保在规约后的数据集上执行数据挖掘任务所得到的结果与直接在原始数据集上执行时得到的结果相同或几乎相同。这样，数据规约不仅加速了数据挖掘过程，还保持了分析结果的准确性和有效性。

4.数据清理

在数据库管理中，常常会遇到数据不完整（某些关键属性值缺失）、含噪声（包含错误的或不一致的属性值）以及不一致性（相同信息以不同形式表示等）等问题。这些问题严重影响了数据的准确性和可靠性，可能误导决策过程。因此，进行数据清理显得尤为重要。数据清理旨在识别并纠正这些问题，确保数据在存储到数据仓库之前，是完整、正确且一致的。

5.数据转换

数据转换即通过平滑聚集、数据概化和规范化等方式将数据转换成适用于数据挖掘的形式。对于某些实数型数据而言，进行概念分层与数据的离散化处理是数据转换过程中的重要一环。

6.数据挖掘实施

数据挖掘实施即根据数据仓库中的数据信息，选择合适的分析工具，应用统计方法、事例推理、决策树、规则推理、模糊集、神经网络、遗传算法等方法处理信息，进而得出有用的信息。

7.模式评估

进行模式评估，即从商业价值的角度出发，由行业专家来验证数据挖掘结果的准确性和有效性。

8.知识表示

通过数据挖掘所获取的信息，可以用可视化的方式直观地呈现给用户，便于他们理解和应用。同时，这些信息也可以作为新的知识存储于知识库中，供其他应用程序应用。

值得注意的是，并非每项数据挖掘任务都必须严格遵循以上步骤，相关人员应根据具体需求灵活调整数据挖掘的流程。例如，在不存在多个数据源需要整合的情况下，就可以省略数据集成的步骤。

二、RSS 技术

（一）RSS 的概念

简易信息聚合（RSS）是一种消息来源格式规范，广泛应用于新闻、声频、视频等网站摘要的聚合与分发。RSS 文件不仅包含文章的全文或摘要，还附带了订阅者所需的网站摘要数据及授权元数据，有助于确保信息的完整性和合法性。

对于追求时效性的内容，RSS 订阅能极大地提升信息获取的速度，使网站用户能够第一时间接收到最新的信息。网站提供的 RSS 输出功能，不仅方便了用户及时追踪网站内容的最新动态，还促进了信息的有效传播。网络用户只需在客户端安装支持 RSS 的软件，即可在不直接访问网站页面的情况下，轻松阅读并管理来自多个 RSS 源的内容。这种方式不仅节省了用户的时间，还提高了信息获取的效率。

（二）RSS 阅读器分类

RSS 阅读器基本上可以分为三类：

第一类，桌面应用程序型 RSS 阅读器。主要指在计算机桌面运行的应用程序，这些程序通过用户所订阅网站的新闻源，能够自动、定时地更新新闻标题。在这一类阅读器中，有 Awasu、FeedDemon 等比较流行的阅读器，它们都提供免费试用版和付费高级版。

第二类，内嵌型 RSS 阅读器。其通常内嵌于已在计算机中运行的应用程序中。例如，NewsGator 内嵌在微软的 Outlook 中，所订阅的新闻标题可以位于 Outlook 的收件箱中，也可以位于用户新建的特定文件夹中。

第三类，在线 Web RSS 阅读器。其优势在于用户不需要安装任何软件就可以享受 RSS 阅读带来的便利，并且可以保存阅读状态，推荐和收藏自己感兴趣的文章。提供此服务的有两类网站：一种是专门提供 RSS 阅读器的网站；另一种是提供个性化首页的网站。

（三）RSS 技术的优点

1. 多样性、个性化信息的聚合

RSS 是一种基于 XML 标准的技术，它在互联网上被广泛用作内容包装和投递的协议。若用户在个人设备上安装了 RSS 阅读器，他就可以有选择性地将感兴趣的内容源聚合到该软件的界面中，实现多源信息的"一站式"获取与阅读，这可以极大地提升信息筛选和阅读的效率。

2. 信息时效强、发布成本低廉

由于 RSS 阅读器中的信息是随着订阅源信息的更新而实时更新的，因此 RSS 阅读器中的信息的时效性较强。此外，服务器端信息的 RSS 包装在技术实现上极为简单，而且是一次性的工作，这使得长期信息发布的边际成本几乎降为零，这一点是传统的电子邮件、互联网浏览等信息发布方式无法比拟的。

3. 无垃圾信息和信息量过大的问题

RSS 阅读器中的信息完全是由用户订阅的，用户没有订阅的内容，以及弹出式广告、垃圾邮件等无关信息则会被完全屏蔽掉，因而不会有令人烦恼的"噪声"干扰。此外，用户在 RSS 阅读器中获取的信息并不需要用专用的类似电子邮箱那样的"RSS 信箱"来存储，因而用户不必担心信息量过大的问题。

4. 没有病毒邮件的威胁

用户在 RSS 阅读器中保存的信息主要是订阅信息的摘要。这样的设计有

效避免了病毒邮件等潜在威胁，为用户提供了一个更为安全的信息阅读环境。

5. 本地内容管理便利

对下载到 RSS 阅读器中的订阅内容，用户可以进行离线阅读、存档保留、搜索排序及分类等多种管理操作。从这个角度来看，阅读器不仅是一个阅读设备，还是一个用户可随身携带的"资料库"。

三、人脸识别技术

人脸识别技术是一种基于人的面部特征信息进行身份信息识别的生物识别技术。它是一种集人工智能算法、机器识别与学习、视频图像处理等多种专业技术于一体的技术。

（一）人脸识别技术的属性

相较于其他生物识别技术，人脸识别技术具有独特的属性，主要表现为非接触性、非强制性、并发性、非侵入性和易变性。

1. 非接触性

人脸识别技术相较于指纹识别技术，其显著优势在于无须用户主动接触设备。用户只需要简单地将自己的面部置于前端人脸认证识别设备的识别区域内，人脸识别系统便能自动捕捉并提取人脸信息，并进行生物特征的唯一性判别。整个识别过程不需要用户与设备进行接触，既便捷又高效。

2. 非强制性

非强制性是指用户无须专门配合前端的人脸认证识别设备，人脸认证识别设备几乎可以在用户无意识的状态下获取其人脸图像。用户只需在使用人脸识别系统前将人脸信息注册到人脸数据库服务器中，后期即可在无意识状态下完成身份信息的无障碍验证。

3.并发性

人脸识别技术的并发性特征，是指人脸识别服务器可以同时接收多组前端采集设备抓取到的人脸数据，并对其进行数据处理、识别判断，最后返回识别结果。在实际应用场景中，人脸识别技术可大大提高身份识别服务的效率。

4.非侵入性

人脸识别技术比其他生物识别技术更受欢迎的原因之一是人脸识别技术本质上具有非侵入性特征——用户处于前端人脸认证识别设备的识别区域内即可被识别。相反，其他生物识别技术对用户的要求更高。例如：指纹识别技术需要用户主动将手指按压在指纹识别传感器上；虹膜识别技术需要用户贴近设备才可准确识别；语音识别技术则要求用户说话时口齿清晰、音量足够大，否则很难准确识别。

5.易变性

人的面部特征并不稳定，这使得人脸识别技术具有易变性。首先，随着年龄的增长，人的面部特征会逐渐发生变化，尤其是学生，其脸部特征变化最为明显；其次，人们可以通过脸部的变化做出多种表情，且在不同的观察视角，人脸视觉图像的差异通常较大；最后，人脸识别结果还受光照条件（如白天和夜晚、室内和室外等）、人脸遮盖物（如口罩、墨镜、头发、胡须等）等多种因素的影响。

（二）人脸识别的流程

人脸识别系统包括图像采集、人脸检测、图像预处理以及人脸识别（人脸特征提取与身份匹配确认）等子系统。一个完整的人脸识别流程主要包括人脸采集、人脸检测、人脸图像预处理、人脸特征提取、人脸图像匹配和人脸图像识别。

1.人脸采集

人脸采集是指通过摄像头等相关设备或模块自动搜索、跟踪并拍摄人脸图像的过程。通过相关设备或模块采集到的人脸图像可以是静态图像、动态图像、不同位置的图像、不同表情的图像等。当采集对象在前端采集设备的拍摄范围内时，采集设备会自动搜索人脸并拍摄人脸图像。

2.人脸检测

人脸检测是指分析人脸采集设备获取的图像，准确标出人脸的位置、五官等信息，并记录关于该人脸的直方图特征、颜色特征、模板特征、结构特征等有用信息，从而为人脸图像预处理做好准备工作。

3.人脸图像预处理

人脸图像预处理是基于人脸检测的结果，对图像进行预先处理的过程。前端采集设备抓取到的原始图像信息因易受外界光线、杂物等干扰而不能直接使用，故而在使用前必须对原始图像信息进行参数校正修复。对人脸图像进行预处理的技术包括灰度矫正、噪声过滤、光线补偿、直方图均衡化、几何校正、滤波以及锐化等。

4.人脸特征提取

人脸识别系统可使用的人脸特征通常分为视觉特征、像素统计特征、人脸图像变换系数特征、人脸图像代数特征等。人脸特征提取是指对人脸进行特征建模，从而得到向量化人脸特征的过程。具体实现方式为：基于人脸图像预处理后的人脸图像，分析其包含的眉毛、眼睛、鼻子、嘴巴、下巴、耳朵等形状、特征，以及各器官之间的距离，对人脸进行特征建模。

5.人脸图像匹配

人脸图像匹配阶段需要将第四步提取到的人脸特征参数信息与人脸数据库中保存的人脸特征模板进行比对匹配，通过预先设定的阈值来判定人脸识别相似度。当相似度值高于设定的阈值时，人脸识别系统即认为找到了与当前人脸图像相匹配的数据库记录，随后会输出所有满足条件的匹配结果。

6.人脸图像识别

人脸图像识别是将人脸图像匹配过程中相似度值最高的人脸数据确定为当前人脸的信息。人脸图像识别是人脸识别流程的最后一个环节，通过该环节，人脸识别系统可以确定采集对象的身份信息。

（三）人脸识别相关算法

人脸识别算法是一种建立生物特征人脸模型以供进一步分析人脸识别过程的方法。具体如下：

1.基于几何特征的人脸识别算法

基于几何特征的人脸识别算法主要通过提取人脸的关键特征点信息，并利用这些特征点之间的相对位置、形状等几何属性来进行识别，其代表算法为弹性图匹配法。基于几何特征的人脸识别算法利用人脸的基准特征点构造拓扑图，使其符合人脸的几何特征，进而获取人脸关键点的特征值。

2.基于特征脸（PCA）的人脸识别算法

特征脸（PCA）是一种在人脸识别领域具有广泛应用价值的统计方法。在人脸识别过程中，PCA 被用来减少原始数据的维度，同时尽可能地保留图像中的关键信息。具体而言，PCA 通过生成一组加权特征向量来构建人脸的"特征空间"，这些特征向量能够依次用于构建 PCA 模型。

在训练阶段，PCA 通过对训练集的协方差矩阵进行分析，计算出最能代表数据变化的主要成分（即主成分），这些主成分以特征向量的形式呈现，并构成了 PCA 模型的基础。每个训练集中的图像都可以通过这些特征向量的线性组合来表示，从而实现了数据的降维。

在识别过程中，未知图像同样被投影到由这些特征向量构成的 PCA 空间中，并计算出其主要成分。随后，这些主要成分会与已知人脸图像的主要成分进行比较，通过计算相似度或距离等度量标准，来判断未知图像与哪个人脸最为匹配，从而实现人脸的识别。

3.基于人工神经网络的人脸识别算法

人工神经网络是图像识别中最流行和最成功的方法之一。人脸识别算法根植于复杂的数学计算之中，而神经网络则以其并行处理大量数学运算的能力著称，两者相辅相成，共同推动了人脸识别技术的飞速发展。基于人工神经网络，人脸识别系统可以高效地提取、分析和比对人脸图像中的特征信息，从而实现高精度的身份识别。基于人工神经网络的人脸识别算法执行三个主要任务：一是检测图像、视频或实时流中的人脸；二是计算人脸的数学模型；三是将模型与训练集或数据库进行比较，以识别或验证一个人的身份。

4. 基于主动近红外图像的多光源人脸识别技术

传统的人脸识别技术，主要聚焦于可见光图像的处理，该技术存在一个明显的缺陷：在光照条件改变时，其识别效果会发生变化，难以满足多样化的实际应用需求。为解决这一难题，研究者提出了包括三维图像识别和热成像在内的多种方案，然而这些技术目前还不成熟，其识别效果尚不能达到理想状态。

近期，一种基于主动近红外图像的多光源人脸识别技术迅速崛起。该技术通过巧妙利用多光源照射下的近红外图像，有效克服了光线变化对识别精度的干扰，不仅提升了识别的准确性，还显著提升了系统的稳定性与处理速度。相较于三维图像人脸识别算法，这一新技术展现出了更加明显的优势，为人脸识别技术开辟了新的发展方向。

（四）人脸识别技术在公共图书馆中的应用场景

在公共图书馆个性化智慧服务中，人脸识别技术可用于多种场景，其中最主要的几种应用场景如下：

1. 馆员考勤打卡

公共图书馆可引入基于人脸识别的考勤打卡系统。在系统中录入图书馆馆员的人脸信息，这样馆员上下班时通过刷脸即可快速完成考勤打卡。基于人脸识别的考勤打卡系统能有效提升馆员考勤打卡的安全性，提高考勤打卡效率，让馆员获得更好的体验。

2. 刷脸门禁系统的引入

公共图书馆引入刷脸门禁系统，不仅可优化读者与员工的相关体验，还能有效防止非授权人员进入，这有利于保障图书馆内部藏书及设施的安全。

3.读者身份识别

人脸识别技术具有识别用户面部唯一特征的特点，可用于公共图书馆读者身份信息的识别。这不仅能满足公共图书馆的管理需求，还能方便读者刷脸通行和进行自助办证等操作。

（五）公共图书馆引入人脸识别技术的益处和风险

1.公共图书馆引入人脸识别技术的益处

人脸识别技术是公共图书馆开启智慧服务大门的密码，它不仅能提升公共图书馆的服务效能，还能提高公共图书馆管理人员的管理水平，对公共图书馆高质量发展具有重要作用。

（1）有利于丰富读者基础数据

读者人脸数据是读者身份信息的基础数据。公共图书馆利用读者人脸数据可以及时地统计、分析读者行为，获取更丰富和精确的读者行为数据。通过对这些数据进行可视化统计分析和综合评价，公共图书馆可以进一步提供满足读者需求的个性化智慧服务。

（2）有利于提升公共图书馆的服务效能

公共图书馆引入人脸识别技术的价值还体现在服务效能的提升上。例如，传统的读者场馆预约或活动报名管理方式，往往依赖于工作人员逐一登记信息，这一方式不仅耗时耗力，效率低下，而且容易出现人为失误，进而导致信息沟通不畅，给读者和图书馆管理人员都带来诸多不便。引入人脸识别技术后，读者可通过预约系统进行场馆预约。预约成功后，读者即可在指定时间来到实体图书馆，这极大地提升了公共图书馆的服务效能。

（3）有利于提高经济效益

根据已应用人脸识别技术的公共图书馆的工作人员反馈：在引入人脸识别技术后，图书的流通量得到明显提高；在图书流通量提高的同时，图书管理人员的数量反而减少了。

总而言之，公共图书馆引入人脸识别技术将有效提高读者服务管理工作的效率与质量。

2.公共图书馆引入人脸识别技术的风险

任何事物都存在两面性，公共图书馆引入人脸识别技术同样利弊共存：一方面，人脸识别技术提升了公共图书馆的服务效能；另一方面，部署在本地的人脸识别系统对本地网络安全系数的要求更高，一旦本地网络存在未知的安全风险，公共图书馆人脸识别系统将面临极大的安全挑战。

因此，公共图书馆管理人员应定期更新本地服务器的漏洞补丁，提升网络安全防护意识，做好网络安全关键基础设施的保护工作，确保人脸识别系统处于安全、稳定的环境中。

四、数据监护技术

（一）数据监护的概念

数据监护是对"data curation"的翻译，国内学者也称其为数据监管。数据是有生命的，在其生命周期里，数据监护员扮演着监护人的角色，即通过"照顾"数据，使其发挥出最大价值。

数据监护是指数据监护员在数据产生后即对其进行管理，以促进数据的有效利用，并确保数据能够被及时获取和利用。为了确保数据监护的高水准，数据监护员不仅需要掌握相应的标注技能，还需具备将标注的信息与相关资料进行有效链接的能力。

数据归档是数据监护的任务之一，指对数据进行合理选用和存储，确保其在逻辑上和物理上的持续完整性，确保其具备可获取性、安全性和可靠性，即确保数据的可用性。

数据保存是数据归档的关键环节，要对具体数据进行持续维护，确保其能够被长期有效读取并理解，进而在技术层面保障数据的可持续性。

（二）数据监护相关工具

1.元数据

元数据即关于数据的数据。为了对信息存储进行规范，人们通常以学科或领域为单位对元数据进行定义。目前，国内外科学数据库及数据平台对科学数据的管理多采用元数据的方式。由于团体及个人都是按照自身的实际情况制定信息存储规范的，因此，元数据模型较多。虽然如此，元数据仍是数据监护的重要工具，在数据管理和信息组织方面扮演着不可或缺的角色。

2.本体

最初，本体是哲学领域的概念，主要研究客观存在事物的本质，是对客观存在系统的表述。随着信息技术的发展，本体的概念被研究计算机和人工智能的学者利用——本体主要用于反映领域中用户共同认可的概念集，针对的是用户团体。推动信息在不同本体间的顺畅交流是本体映射的核心目标。通过本体映射，不同的本体能够借助统一的接口对同一概念形成共识，从而打破信息孤岛，促进信息的流动和共享。这对于实现跨领域、跨系统的信息集成和互操作具有重要意义。

3.主题词表

主题词表，也称叙词表，是一种术语控制工具，用于将文献标引人员或用户的自然语言转换为规范化语言，它由一系列规范的数据组成，旨在体现相关主题内容。主题词表由主表、类目表、语法语义关系表等多个表构成，它是规范化、组织化，能够体现主题内容且已经被定义了的名词的集合体。

（三）数据监护工作要点

1.制定明确的发展规划及策略

美国国家科学基金会董事会在 2005 年发布了《长生命周期的数字化数据库：21 世纪科研与教育的必备基础》研究报告，指出科学数据成为未来科研、教育模式创新的变革中心，必须予以长期保存和维护，并要求相关部门及时制定规划及发展策略。2007 年，美国国家科学基金会发布《面向 21 世纪科学研究的信息化基础设施》发展规划，明确了可持续发展的信息化基础设施的概念，并据此启动了 DataNet 计划。DataNet 计划旨在通过约 1 亿美元的资助，以图书馆作为核心主体，在五年内重点支持五项数据监护领域的科研项目。这些项目旨在探索并实践数据监护的最佳方法，促进数据资源的有效管理、长期保存与广泛共享，从而为科学研究提供坚实的数据支撑。

总体而言，美国制定了明确的数据监护发展策略。这一策略强调相关工作人员应包括图书馆馆员、信息技术专家以及相关学科的学者。

2.建立并维护良好的协作机制

确保数据资产的安全、有效管理及高效利用，关键在于积极建立并维护良好的协作机制。在数据日益成为企业和社会核心资产的今天，数据监护不再是一项孤立的任务，而是需要进行跨部门、跨领域合作。

数据监护团队要与 IT 部门、业务部门、法务部门以及外部合作伙伴等保持密切沟通，共同制定和执行数据监护策略。通过建立有效的沟通机制和协同工作流程，以确保数据在采集、存储、处理、分析和共享的全生命周期中都能得到妥善管理，避免信息孤岛和数据冗余。

此外，良好的协作还体现在对新技术、新方法的快速响应和应用上。随着云计算、大数据、人工智能等技术的不断发展，数据监护工作也需要不断创新和升级。跨部门协作，有助于数据监护团队汇聚各方智慧和资源，进而提升数据管理的效率。

3.大力推行数据监护教育，培养信息化人才梯队

在这个数据驱动的时代，大力推行数据监护教育已成为提升国家竞争力、推动社会经济发展的关键举措。构建完善的数据监护教育体系，培养一支既精通信息技术又具备丰富专业知识的信息化人才梯队，显得尤为重要。

第四节　公共图书馆个性化智慧服务的问题及改进策略

一、公共图书馆个性化智慧服务的问题

（一）管理机制不健全

第一，国内公共图书馆系统的管理机制不够健全，缺乏统一的协调机制，资源共享建设进展缓慢，这使得公共图书馆个性化智慧服务的作用被削弱。

第二，在现有管理机制下，公共图书馆缺乏提供个性化智慧服务的动力。在构建个性化智慧服务模式时，一些公共图书馆倾向于从经费、设备、馆舍面积、藏书量等方面着手，忽略了用户的需求和相关工作人员的发展状况。

第三，尚未建立有效的针对公共图书馆个性化智慧服务的管理机制。例如，个性化智慧服务的实际效果用什么指标来进行衡量？服务的好坏有什么区别？这些问题都需要一个明确的答案。当前，由于缺乏明确的评价标准，加之缺乏有效的激励机制，公共图书馆在构建个性化智慧服务模式时难以激发员工的主动性和创造性。一些员工在工作时不能主动跟踪用户的个性化服务需求，从而影响了个性化智慧服务的效果。

（二）馆员素质有待提升

在个性化智慧服务模式下，公共图书馆所提供的服务应包括过滤信息、提供信息资源、帮助用户利用信息资源等。相较于公共图书馆传统的服务模式，公共图书馆在提供个性化智慧服务时，服务对象比较专一，因此对其服务能力的要求更高。从某种程度上来说，公共图书馆的服务能力取决于公共图书馆馆员的专业素养和综合服务能力。但是，一些公共图书馆馆员的知识结构比较单一，缺乏提供个性化智慧服务所需的学科知识，不具备网络检索、信息分析及市场调研的能力，严重制约了公共图书馆个性化智慧服务模式的建设。

另外，部分公共图书馆缺乏专门的人才，馆员水平参差不齐，专业素养有待提升。一些公共图书馆馆员虽然比较熟悉馆藏资源，具有较强的协调能力，但知识面较为单一，信息技术水平较低。另外，一些公共图书馆的人员配备也不够合理，一些工作人员缺乏服务意识，服务能力不强，信息获取方式较为单一，很难从事高质量的信息收集工作。总之，个性化智慧服务人才的匮乏，致使公共图书馆无法提供深层次的个性化智慧服务。

（三）服务观念有待转变

在大数据技术快速发展的背景下，公共图书馆在提供个性化智慧服务时除了要依赖技术手段外，还需要转变服务观念。目前，我国公共图书馆在服务观念上的问题如下：

1.重资源、轻服务

传统的公共图书馆服务模式深受"重资源、轻服务"的陈旧观念的影响，一些公共图书馆将文献馆藏量当作最重要的评价指标，忽略了服务质量的重要性。在构建个性化智慧服务模式的过程中，部分公共图书馆仍然沿袭传统观念，重视文献信息资源的建设，以资源为导向，对服务的重视程度不够。在一些公共图书馆的官方网站主页上，文献资源版块和数据库版块较为显眼，而各服务版块则大多设置在二级或三级网页上。

近年来，随着"以人为本、服务至上"的服务理念的提出，各大公共图书馆越来越重视服务。很多公共图书馆推出了线上的信息咨询、馆藏查阅、文献传递等服务，也设置了相应的线上服务板块。但是受传统观念的影响，一些公共图书馆的服务质量有待提高。

2.突出共性、忽视个性

在构建个性化智慧服务模式时，公共图书馆应深入用户群体，充分了解用户的需求和行为规律，力求为用户提供精确的、专一的、针对性强的个性化智慧服务。目前，我国各大公共图书馆构建的个性化智慧服务模式还处在初级阶段，更注重为用户提供同一层面上的、统一的标准化服务，在服务过程中过于强调共性，忽视了个性。此外，部分公共图书馆的服务人员缺乏个性化智慧服务理念，也不利于公共图书馆个性化智慧服务模式的构建。

（四）信息资源结构不合理

公共图书馆提供个性化智慧服务的前提是拥有充足的信息资源以及合理的资源结构。充足的信息资源不仅包括纸质资源，还包括电子资源和网络资源。目前，一些公共图书馆储备的信息资源还是以纸质文献为主，虽然一些公共图书馆建立了资源数据库，大大丰富了图书馆的馆藏资源，但信息资源还是稍显不足，且资源结构也不够合理。

目前，公共图书馆的网络信息资源非常丰富，但也存在很多不足，主要表现在信息资源比较分散且质量良莠不齐，用户需要对这些信息资源进行筛选、组织、加工后才能有效地加以利用。传统的公共图书馆服务模式是为用户提供统一的服务，较少针对特定的对象提供特定的服务，再加上公共图书馆提供的检索工具不够健全，用户很难清楚地表达自身的信息需求，这就使得公共图书馆提供的信息服务存在很多不足。因此，公共图书馆提供个性化智慧服务时不能只是提供零散的信息资源，还要考虑信息资源的组织方式。盲目为用户提供大量利用价值不高的信息资源，反而会给用户带来干扰。

（五）内容服务缺乏深度

随着现代信息技术的快速发展，公共图书馆用户的需求也在不断发生变化，呈现出新的特点，公共图书馆应根据用户新出现的需求，对信息进行整理、加工，开发出丰富的信息资源，为用户提供更具深度的内容服务，以满足用户的个性化需求。目前，公共图书馆的发展基本上进入了网络化阶段，但是各公共图书馆提供的个性化智慧服务的内容大同小异，内容服务缺乏深度。例如，一些公共图书馆网站推出的个性化智慧服务版块只有"我的图书馆"。用户在网站上注册账号时，需填写自己的兴趣、爱好、专业等基本情况，但是公共图书馆向用户推送信息时仅是把系统提供的相关领域的文献或书籍发送给用户，很少会对信息进行"二次加工"，导致其提供的内容服务缺乏深度。

（六）资源共享程度不够

在一些具有交叉性和相似性的专业领域，公共图书馆之间可以通过资源共享的方式进行资源建设。但是，各公共图书馆重复建设、重复配置信息资源的现象非常严重，为用户提供的资源局限于图书馆馆藏的纸质文献、电子资源或网络资源，无法真正提供个性化智慧服务。馆际互借和文献传递是公共图书馆之间资源共享的基本方式，但目前各公共图书馆之间的资源共享仅仅局限于书籍借阅和文献传递这一传统业务，没有实现真正意义上的资源共享，用户的个性化需求也没有得到真正的满足。

二、公共图书馆个性化智慧服务的改进策略

（一）完善 My Library 个性化信息服务系统

My Library 个性化信息服务系统可帮助公共图书馆提供个性化智慧服务，但是目前其使用率较低，公共图书馆必须对 My Library 个性化信息服务系统

进行升级。

目前，大部分公共图书馆还不能根据用户的检索历史、爱好、阅读习惯等主动地提供个性化智慧服务，大多需要用户根据自己的需求选择相关的服务类型。而智能化的信息推荐形式在商业领域已经得到了广泛应用，如购物网站可根据用户的浏览记录、搜索记录、购买记录等，主动为用户推送其可能感兴趣的商品。公共图书馆可借鉴这种信息推荐形式，主动向用户提供信息服务，这种信息服务形式在技术上是可以实现的，但是需要注意，在推送相关信息时，应主动推送，并且要以读者的需求为出发点。例如，公共图书馆可通过短信、邮件等方式，向读者推送其可能感兴趣的信息，吸引读者登录 My Library 网站。

此外，公共图书馆要了解用户的信息需求，并且基于这些信息需求把握用户的行为规律。公共图书馆可根据用户的专业背景以及当下的信息需求，主动为读者提供信息服务。

（二）提高馆员的专业素质

在提供个性化智慧服务的过程中，公共图书馆馆员的专业素质至关重要。公共图书馆馆员不仅了解图书馆的馆藏资源，而且始终处在公共图书馆服务的第一线，与用户频繁接触，这使得他们能比较准确地把握用户的需求。因此，建设一支思想端正、知识结构合理、精通各项服务的高素质复合型服务团队，是构建公共图书馆个性化智慧服务模式的重要保证。

目前，虽然图书情报专业的人才数量有逐渐增长的趋势，但是公共图书馆馆员的总体素质仍然难以满足用户现实的需求，所以提高公共图书馆馆员的专业素质已成为改进公共图书馆个性化智慧服务工作的迫切需求。基于此，公共图书馆可采取以下措施：第一，广泛吸纳各专业人才，提高馆员待遇；第二，加大对现有馆员的业务培训力度，通过讲座、专业培训等方式提高馆员的业务水平，增强他们的服务意识；第三，努力提高馆员的工作效率，合理分配工作，采取一些有效的激励措施，调动馆员的工作积极性，让其获得成就感，从而增强其竞争意识和服务意识。

（三）树立个性化智慧服务理念

随着时代的不断进步，公共图书馆用户的素质也在不断提高，观念也在不断变化。现在的用户，不仅看重公共图书馆所拥有的资源，更看重公共图书馆在服务中展现出的人文关怀。公共图书馆个性化智慧服务是针对用户个性化需求而发展出的一种层次较深、主动性较强的新型服务模式。要开展令用户满意的个性化智慧服务，公共图书馆馆员必须更新自身的服务理念，牢固树立"以人为本，用户（读者）至上"的个性化智慧服务理念，并将这一理念落实到各项服务工作中。

"以人为本，用户（读者）至上"的个性化智慧服务理念，以尊重用户、关怀用户为宗旨，旨在吸引用户，研究用户的兴趣爱好和行为习惯，了解用户的专业背景与学术研究方向，为其选择更加符合实际需求的信息资源，并主动向用户推荐信息资源，为用户提供具有针对性的、人性化的信息服务。与此同时，公共图书馆馆员还应及时与用户进行沟通，加强交流，根据其个性化需求完善服务模式，为用户提供高效率、高水平的服务。

具体而言，"以人为本，用户（读者）至上"的个性化智慧服务理念对公共图书馆及其馆员的要求如下：

1.注重用户需求调研

首先，公共图书馆应主动了解用户的实际需求。公共图书馆可借助图书馆自动记录系统，利用大数据技术分析用户的检索偏好等信息，充分挖掘用户的实际需求，并基于用户的实际需求建立用户个人信息数据库，然后结合用户需求，从海量的信息资源中选出用户需要的信息，并将其推送给用户。

其次，公共图书馆可借助网络社交平台，如微信、微博等，与用户进行实时的互动和交流，了解用户的需求，然后有针对性地对服务模式进行完善。

最后，公共图书馆应加大宣传力度，调动用户表达自身需求的积极性。公共图书馆可定期举办专题讲座，开展相关培训工作等，使用户充分了解公共图书馆各个模块的功能，帮助用户掌握数据库的使用方法，提高用户的信息检索能力，帮助用户获取所需要的信息资源。

2.做好信息安全与隐私保护工作

在信息化时代，信息安全与个人隐私保护是用户非常重视的问题，也是公共图书馆个性化智慧服务中至关重要的一个方面。公共图书馆在提供个性化智慧服务的过程中，会要求用户上传一些个人基本信息，这涉及个人隐私保护问题。公共图书馆有责任对用户的信息进行保护，防止用户信息被他人窃取。同时，一些用户为了保护个人隐私，可能会在享受定制服务时，隐瞒部分重要信息，尽管这不利于公共图书馆准确把握用户的信息需求，但公共图书馆应尊重用户的选择，采用更先进的技术来保护用户隐私，为用户提供更加真诚的服务，与用户建立良好的信任关系。

（四）进行信息资源整合，完善检索系统

信息资源整合是公共图书馆提供个性化智慧服务的基础。公共图书馆对信息资源进行整合，能使用户在统一的数据存取模式下，通过统一的用户界面对不同数据库中的资源进行检索。

在构建个性化智慧服务模式的过程中，很多公共图书馆通过各种形式建设了高质量的数据库，使得公共图书馆的信息资源显著增加，为读者提供了更多的信息资源。但是，公共图书馆大量的数字信息资源通常是由不同的数据商提供的，不同数据商的数据库格式会有所不同；不同的数据库搭配使用的检索软件也各有特点，而且每个数据库所支持的检索算符以及使用的检索语言也会存在一定的差异。

以上因素导致的直接后果就是：检索效率较低，检索结果不够准确，检索难度增加，浪费了用户大量的时间和精力，给用户带来诸多不便。因此，应将这些无序的信息资源有机地整合成一个整体，同时为用户提供一个较为简单、友好的公共使用界面，让用户利用一种检索方式或通过一个有效检索词就能得到"一步到位"的检索结果，而这也是公共图书馆信息资源检索技术发展的必然趋势。

公共图书馆可将以用户为中心的集成信息服务与个性化定制服务整合起来，满足用户多元化、多层次、个性化的信息需求，这也是提高数字资源利用率、提高公共图书馆服务质量的必由之路。公共图书馆还可整合不同的数据资源与信息资源，打造一个异构数据库信息共享平台，从而实现多个异构信息资源库的统一检索。

另外，在大数据技术快速发展的背景下，公共图书馆的信息资源日益增多，信息资源的种类更加多样，因此完善的信息检索系统就成了用户获取有效信息的重要途径。这就需要公共图书馆借助大数据技术不断完善信息资源检索系统，有针对性地为用户提供高效的个性化智慧服务。

公共图书馆可借助大数据挖掘技术充分挖掘用户的行为信息，根据用户的行为信息，分析出用户的实际需求，并针对用户需求完善信息检索系统，为用户提供优质的检索服务。此外，公共图书馆还可借助大数据技术开发智能搜索引擎，满足用户进行移动检索的需要，打造全新的个性化信息检索系统。

第五章 "互联网＋公共图书馆"智慧服务模式

第一节 "互联网＋公共图书馆"智慧服务概述

当前，引入智慧服务理念已成为公共图书馆创新服务模式的重要内容。在此背景下，"互联网＋公共图书馆＝智慧服务"这一"公式"引起了人们的注意，它将成为未来公共图书馆创新发展和可持续发展的重要方向。可以说，"互联网＋公共图书馆"模式是构建智慧图书馆的必由之路。

一、"互联网＋公共图书馆"智慧服务的内涵与特征

随着大数据、云计算、物联网、人工智能、5G、RFID等新兴技术的发展，公共图书馆提供的传统知识服务已不能满足用户的个性化需求。以用户的知识获取过程为中心，致力于提高用户运用知识和创造知识的能力，进而实现技术创新，成了公共图书馆智慧服务的重心。

（一）"互联网＋公共图书馆"智慧服务的内涵

近年来，随着智慧服务理念的提出，"智慧地球""智慧城市""智慧社

区"等概念也逐渐被提出来，公共图书馆作为社会公共文化服务机构的重要组成部分，其所提供的智慧服务引起了业界的重视。

"互联网+"技术的应用，使得公共图书馆智慧服务的内涵更加丰富，也为公共图书馆的智慧服务提供了新的思路。"互联网+公共图书馆"智慧服务并不是单纯地利用"互联网+"、人工智能等技术，而是致力于实现更深层次的知识的集成、共享和创造。

智慧服务理念是随着互联网技术等信息技术的发展而形成的，它是相关学者基于公共图书馆的文献服务、信息服务、知识服务而提出的一种新的服务理念。从相关文献中可以看出，智慧服务已成为业界学者关注的重点。

"互联网+公共图书馆"智慧服务是利用网络技术等新技术以充分发挥公共图书馆资源优势的一种增值服务模式，它是公共图书馆提供的一种人性化、智慧化的服务，其本质是调动一切资源和技术来辅助用户进行知识创造，从而帮助用户获得智慧。

综上所述，本书认为"互联网+公共图书馆"智慧服务是公共图书馆或其馆员利用物联网、云计算、大数据、人工智能、RFID等新技术，为用户提供智能化、泛在化、互联化、便捷且高效的人性化服务。此服务不仅能促使用户在知识运用过程中进行创新，帮助其发现新问题、解决新问题，还有助于提高用户的知识运用能力，促使其为社会创造新的价值。

"互联网+公共图书馆"智慧服务模式下，公共图书馆提供的服务不仅包括借助智能设备及网络技术等为用户提供的服务，而且包括公共图书馆馆员运用自身的智慧为用户提供的服务，整个服务过程是公共图书馆客观物质条件与公共图书馆馆员的主观能动性相结合的过程。"互联网+公共图书馆"智慧服务能实现人与人、人与物、物与物的互联互通，有利于实现知识创新——这和智慧图书馆的服务目标是一致的。因此，构建"互联网+公共图书馆"智慧服务模式是公共图书馆转型的必然要求，也是打造智慧图书馆的必要手段。

（二）"互联网＋公共图书馆"智慧服务的特征

"互联网＋公共图书馆"智慧服务的特征可概括为服务理念人性化、服务空间智能化、服务内容知识化、服务类型多元化、服务效益最大化。这些特征也是"互联网＋公共图书馆"智慧服务要实现的最终目标。

1.服务理念人性化

"互联网＋公共图书馆"智慧服务打破了传统公共图书馆以资源为中心的封闭式被动服务模式，它是一种以用户需求为中心的开放式主动服务模式。这一模式以满足人的需求、实现人的价值、促进人的发展为目标，充分体现了公共图书馆人性化的服务理念。

在宏观方面，"互联网＋公共图书馆"智慧服务实现了资源的共建共享，能为用户提供全天候、全方位、多元化和开放式的服务，有利于提高用户的知识应用水平、帮助用户解决实际问题，从而满足用户的个性化需求。

在微观方面，"互联网＋公共图书馆"智慧服务以用户体验为基础，以用户需求为导向，能为用户提供个性化的服务。公共图书馆可借助智能设备采集用户数据，并通过大数据技术分析用户行为，以了解用户的深层需求。基于数据分析，公共图书馆可构建用户画像并建立用户档案，进而根据用户需求特征为其提供个性化的推送服务。在这种服务模式下，公共图书馆能有效地为用户提供有价值的文献信息，让用户获得更好的体验。

"互联网＋公共图书馆"智慧服务主要是围绕用户需求提供智能感知、深度挖掘、即时推送、互动交流和反馈协助等服务，在该种服务模式下，公共图书馆馆员能精准识别用户需求，为用户提供智慧推荐、智慧检索、智慧分析、智慧决策等智慧型知识服务。因此，"互联网＋公共图书馆"智慧服务不仅体现在智能化的服务手段上，而且体现在个性化的服务方式上。只有充分将智能的"物"与智慧的"人"结合起来，才能达到为用户提供个性化服务的目的。

2.服务空间智能化

空间再造是智慧图书馆的主要特征之一，而打造智能、立体、节能的线下物理空间和泛在、便捷的线上虚拟空间是公共图书馆智慧服务的重要特征。

例如：利用 RFID 技术，公共图书馆可以实现馆藏资源的自动化管理，从而节约人力资源成本，提高服务效率；借助物联网技术，公共图书馆可以实现水控系统、光控系统、温控系统及安保系统的智能管理；利用无线传感技术，公共图书馆可以实时获取监测数据，实现对室内设备的自动控制；利用虚拟现实、增强现实、混合现实、三维漫游、多点触控、大屏展示等技术，公共图书馆可以打造智慧展厅来展示馆内的资源，为用户提供"场景式"服务，从而让用户获得更好的体验；等等。

"互联网＋公共图书馆"智慧服务能实现用户与空间的互动。借助各种智能设备，公共图书馆可基于用户的专业、爱好、检索习惯等进行数据分析，打造智能感知、互联互通的信息共享空间、学习交流空间和知识服务空间，用户只需通过简单的动作，如动动手、说说话，就可以满足自身需求。"互联网＋公共图书馆"智慧服务模式下的智能空间服务，拓展了公共图书馆的服务空间，形成了真正以用户为中心的服务模式，顺应了时代潮流，有利于新时代公共图书馆的转型与升级。

3.服务内容知识化

"互联网＋公共图书馆"智慧服务是以用户的知识需求为导向，利用智能技术动态地搜寻、组织、整合、输出知识产品，为用户提供智能化的知识应用服务。

公共图书馆拥有的数字资源是其提供智慧服务的基础。通过对这些数字资源进行重组，公共图书馆能够打造出集成化的知识产品，这些知识产品能满足用户个性化与专业化的需求。例如，借助物联网、云计算及人工智能等前沿技术，公共图书馆能为用户决策提供相应的情报服务，帮助用户实现知识创新，从而实现传统知识内容的数字化、产业化转型。传统知识内容的数字化不仅有利于知识内容的广泛传播，还带来了一定的经济效益，从而为数字经济的发展注入了新的活力。

另外，建立知识服务平台是公共图书馆构建智慧服务模式的重要环节。目前，一些基于互联网技术的数字资源平台日渐成熟，如方正、超星、中文在线等图书数字资源平台，以及中国知网、维普、同方、龙源等期刊数字资源平台。经过多年的建设与积累，这些平台已形成规模效应，不但拥有较成熟的运营团队，而且已拥有较稳定的市场。需要指出的是，随着数字经济的发展，数字出版已成为知识服务未来的发展方向，这种环保、高效、动态的出版方式更适应互联网时代知识经济的发展要求，能显著提升知识服务效益。

总之，建立国家层面的知识服务平台与知识资源服务中心，形成以国家平台为枢纽、行业平台为支撑，覆盖国民经济主要领域，分布合理、互联互通的国家知识服务体系，为生产生活提供精准、高水平的知识服务，提高我国知识资源的生产与供给能力，这些既是公共图书馆应承担的社会责任，也是构建"互联网＋公共图书馆"智慧服务模式的总体要求。

4.服务类型多元化

在互联网时代，用户需求的变化要求公共图书馆提供多元化的服务。"互联网＋公共图书馆"智慧服务以用户为中心，能提供移动的、虚拟的智慧服务，满足用户不断变化的需求。公共图书馆可根据用户特征构建用户画像，根据用户的行为提供引导服务，根据用户的喜好提供推荐服务，还可根据用户的特定需求提供个性化服务等。

公共图书馆在提供智慧服务时不能局限于线下的物理空间，应积极运用新技术，为用户提供情景感知服务、模拟现实服务、精准识别服务和个性化定制服务，使用户不用亲自到馆，只需一部智能手机就能浏览馆藏资源、查询借阅信息、阅读经典文献、收看专题讲座等。总之，公共图书馆应以开放、主动的姿态为用户提供多种类型的智慧服务，要以满足用户的需求为目标。

5.服务效益最大化

服务效益是指服务的成效与收益，"互联网＋公共图书馆"智慧服务可以使公共图书馆的服务效益最大化。

一方面，互联网技术的广泛应用使得各公共图书馆之间的资源共建共享成为可能，公共图书馆界应建立一个以全网资源为基础的公共文献利用和保障系统，为全社会提供免费服务，使公共图书馆的服务效益最大化。当前，提供资源服务不仅仅是某一公共图书馆的任务，而是所有公共图书馆的任务，各公共图书馆应从单一走向联合，实现资源的共建共享。

另一方面，随着移动互联网技术的发展，公共图书馆的任何一个用户都可能成为信息传递者和知识传播者。当某一个用户向其他用户推荐公共图书馆的知识资源时，该用户在无形中就成了公共图书馆的宣传者和推广者。而移动互联网技术的即时性与广泛性，大大加快了知识的传播速度，人们能够更加高效地利用公共图书馆的丰富资源，从而实现公共图书馆服务效益的最大化。

总之，"互联网＋公共图书馆"智慧服务模式的核心目标是借助互联网技术，最大限度地挖掘和利用馆藏资源，从而实现知识的广泛传播。

二、"互联网＋公共图书馆"智慧服务的研究意义

（一）有利于突破传统公共图书馆的发展困境

当今世界，移动互联技术的发展改变了人们的阅读方式，公共图书馆面临着巨大的挑战。一些公共图书馆的图书、期刊等纸质文献资源的借阅率逐年下降，馆藏资源的利用率较低，这使得一些公共图书馆不得不缩减纸质文献资料的采购经费。相较于传统的纸质文献资源，数字资源利用起来更方便，并且用户更倾向于利用智能手机、iPad等工具获取数字资源。

为满足用户对数字资源的需求，一些公共图书馆每年花费大量的经费采购电子图书和各类数据库，但除了期刊网、读秀等平台的电子资源的利用率相对较高，其他类型数据资源的利用率并不太高。究其原因，除宣传推广不到位之外，更主要的是专业数据库只能满足小部分用户的需求，这就造成了资源浪费现象，导致公共图书馆的服务效率低下。此外，互联网上的信息资源十分丰富，用户更愿意通过搜索引擎去查询自己需要的信息，使得公共图书馆数字资

源的利用率低下。面对这一系列困境，公共图书馆迫切需要找到新出路。

"互联网＋公共图书馆"智慧服务是公共图书馆依托互联网、大数据、云计算、物联网等新兴技术，辅以公共图书馆馆员的智慧，对公共图书馆传统服务理念、组织结构、空间功能、服务方式及功能模式进行彻底升级的新服务模式，它源于公共图书馆传统的服务模式，但比公共图书馆传统的服务模式更加人性化，融入了更多公共图书馆馆员的智慧。

"互联网＋公共图书馆"智慧服务是在以人为本的服务理念的指导下，借助现代智能工具和新兴技术，以最便捷的方式挖掘信息资源、以最快的速度传播知识，从而最大限度地发挥公共图书馆的作用。

总之，"互联网＋公共图书馆"智慧服务有利于突破传统公共图书馆的发展困境，它不再局限于提供信息资源服务，而是更多地为用户提供决策支持、知识增值及价值创新等服务。

（二）能为数字图书馆建设提供新思路

数字图书馆是以数字化信息资源为基础的图书馆，数字图书馆建设是未来公共图书馆建设的重要内容之一。数字图书馆建设包括两个方面：一是将传统图书馆的纸质图书转化为电子图书，二是实现电子图书的存储、交换、流通。数字图书馆建设有助于缓解资源增长带来的空间存储压力，也使得图书馆的资源更便于查询和流通，从而满足用户随时随地访问馆藏资源的需求。但随着信息技术的发展，数字资源重复建设、采购资金短缺、服务模式僵化等问题不断出现，而"互联网＋公共图书馆"智慧服务的出现，为数字图书馆建设提供了新思路。

在数字图书馆建设过程中，构建"互联网＋公共图书馆"智慧服务模式，实现互联网技术的广泛应用，可以达到以下效果：

一是降低数字图书馆的建设成本。互联网技术的广泛应用，既可以实现公共图书馆之间资源的共建共享，又可以帮助公共图书馆获取网络上的资源来充实馆藏资源,从而避免重复采购,降低资源建设成本。

二是泛在智慧服务能激发公共图书馆的活力。泛在智慧服务能实现人人相连、书书相连、书人相连、库库相连、网网相连,形成一个闭环式的服务架构,打破传统公共图书馆封闭、孤立的服务模式,从而激发其服务活力。

三是提升公共图书馆的服务效益。互联网将单个的、分散的公共图书馆聚合在一起,能实现资源互通、服务互联,为用户提供异地利用和远程访问服务。这种以满足用户需求为主的智慧服务模式,缓解了传统公共图书馆资源配置方式与用户需求脱节的矛盾,避免了因资源闲置造成的浪费,为公共图书馆开辟了新的服务路径,扩大了公共图书馆的服务范围,从而提升了公共图书馆的服务效益。

(三)有助于建设融合图书馆,开辟新发展路径

融合图书馆是一种将真实世界和虚拟的数字世界融为一体的图书馆,它具有融合化、互动化、可视化、泛在化和智能化等特点,是新一轮科技革命中公共图书馆建设的重要内容之一。"互联网+公共图书馆"智慧服务理念与融合图书馆的发展理念是一致的,构建"互联网+公共图书馆"智慧服务模式,有助于建设融合图书馆,开辟新发展路径。

在技术层面,建设融合图书馆需依托先进技术与智能设备,广泛应用互联网技术,全面重塑公共图书馆的传统服务模式。这一过程不仅促进了公共图书馆服务形式的多样化,还有助于实现公共图书馆服务的情景化、智能化与个性化,确保用户的个性化需求得到满足。

在管理层面,建设融合图书馆需围绕用户的实际需求构建扁平化管理体系,这不仅提高了公共图书馆内部各部门的协同能力,还大大增强了公共图书馆服务的灵活性,提高了公共图书馆的服务效率。

在知识服务层面,建设融合图书馆要求公共图书馆提供即时、精准的知识推送服务,基于大数据分析技术预测用户的潜在需求,提前布局,为用户

提供预测式的智慧服务。同时，公共图书馆还要不断优化服务平台、创新服务方式、丰富服务内容、深化服务关系，构建一个闭环式的智慧服务生态链，这些要求为公共图书馆开辟了新的发展路径。

需要指出的是，在建设融合图书馆过程中，除了要重视技术创新和服务升级，还要高度重视人文素养与人文精神的价值。总之，在建设融合图书馆过程中，不仅要强调以人为本的服务理念，还要努力将图书馆打造成滋养人文精神、提升社会文化素养的重要阵地。这些要求不仅为公共图书馆指明了发展方向，还为公共图书馆的可持续发展奠定了坚实的基础。

（四）有助于实现建设智慧图书馆的目标

智慧图书馆是未来公共图书馆发展的终极目标。构建"互联网＋公共图书馆"智慧服务模式，为智慧图书馆建设打下了基础，提供了必要条件。"互联网＋公共图书馆"智慧服务理念与智慧图书馆的服务理念有许多相似之处，但在某些方面也有所不同，对二者进行比较，有利于找准发展目标。

第一，服务理念相同，二者都以满足用户需求为主，围绕用户需求提供个性化、智能化和专业化的服务，让用户在最短的时间里、以最便捷的方式获得最满意的文献信息资料，从而给用户带来更好的体验，激发他们的创新热情。

第二，技术基础相同，二者都借助物联网、云计算、大数据、移动互联网、人工智能、RFID 等技术来构建服务框架。没有这些技术的支撑就谈不上创新，更谈不上服务模式创新。这些技术为公共图书馆的发展提供了动力，使其发展得更快、更稳。

第三，服务方式相同，二者都能有效支持用户的知识应用和知识创新，构建智能的、泛在的、安全的信息生态环境，为用户的知识创造活动提供保障，帮助用户将知识转化为生产力，促进社会发展。

第四，服务层次存在差异，"互联网＋公共图书馆"智慧服务理念更倾向利用新兴技术为用户提供更实用的知识应用服务，以提高用户解决问题的能力及知识应用水平；而智慧图书馆的服务理念更强调用户"转知成慧"的过程，并强调将知识用于技术创新和价值增值。因此，如果要将普通公共图书馆打造成智慧图书馆，就要构建"互联网＋公共图书馆"智慧服务模式，借助智慧空间、智慧技术、智慧内容、智慧手段、智慧管理等来提高用户的创新能力和创造能力。

综上所述，"互联网＋公共图书馆"智慧服务具有广泛而深刻的研究意义。对"互联网＋公共图书馆"智慧服务进行研究，可以帮助公共图书馆找到未来的发展方向，使"互联网＋公共图书馆"智慧服务不再只是一个抽象的概念，促使公共图书馆为用户提供全方位、多层次、立体化的信息保障服务。

第二节　"互联网＋公共图书馆"智慧服务理念

"互联网＋公共图书馆"智慧服务理念倡导公共图书馆在提供服务时遵循"5A"原则，即任何用户（any user）在任何时候（anytime）、任何地点（anywhere），均可以获取任何图书馆（any library）拥有的任何信息资源（any information resources）。可见，"互联网＋公共图书馆"智慧服务理念与用户需求密切相关。公共图书馆可根据用户的阅读习惯和兴趣，为其推荐个性化的图书资源。

一、以用户为中心

虽然"以用户为中心"一直是公共图书馆倡导的服务理念,但在现实生活中,一些公共图书馆很难摆脱以往以"资源为中心"的服务模式,这主要是因为大多数公共图书馆的馆藏资源以纸质文献为主,而在"互联网+公共图书馆"智慧服务模式下,公共图书馆的馆藏资源以数字资源和信息资源为主,且公共图书馆多以数字阅读、移动阅读和网络阅读的形式提供服务,这使得公共图书馆能更好地贯彻"以用户为中心"的理念。公共图书馆可对用户的年龄、性别、习惯、行为等数据信息进行统计和分析,在用户体验上下功夫,围绕用户共性和个性特征,采取相应的服务手段,构建便捷、高效、安全的服务模式。

(一)注重情景感知服务

情景感知服务即根据用户偏好、行为和需求等,采用推荐算法,为用户提供适时的推送服务。在移动互联网时代,情景感知服务是衡量服务质量的重要标准,它广泛应用于电子商务、新闻推荐、移动广告、电影与音乐推荐、电子旅游、移动学习、图书馆服务等领域。

例如,情景感知服务已广泛应用于电子商务领域,当用户在进行网络购物时,系统会根据用户选择物品的款式、价格及浏览该物品的次数等相关信息,自动为用户推送其可能感兴趣的关联信息,如相同或相似商品等,用户可以对比商品的特点、价格或者翻看其他买家的评价等,来确认自己最终购买的商品。这种情景感知服务既满足了用户购物时的心理需求,又提高了用户的购物效率。

"互联网+公共图书馆"智慧服务理念也倡导公共图书馆为用户提供情景感知服务,它要求公共图书馆能根据用户阅读需求,设定能给用户带来愉悦体验的阅读场景,并适时嵌入用户可能感兴趣的阅读主题、内容和资料等,让用户获得个性化的阅读体验。同时,"互联网+公共图书馆"智慧服务理念还注重搭建便于用户交流互动的平台，促进知识共享与思想碰撞，它要求公共图书馆主动了解用户的评价与反馈，调整服务方式以适应用户主体结构和消费习惯的变化。

总之，注重情景感知服务是"互联网＋公共图书馆"智慧服务理念的重要内容。强调情景感知服务的重要性，有助于满足用户心理需求、提升用户阅读体验、提高用户阅读效率。公共图书馆应借鉴商业操作模式，将情景感知服务广泛应用于各项工作实践中，为用户带来更好的阅读体验。

（二）满足用户不断变化的需求

随着移动互联网技术的发展，公共图书馆用户获取知识的方式和习惯都发生了重大变化。用户更依赖方便快捷的智能设备，更倾向于数字化的阅读方式，更喜欢开放共享的资源环境，更乐意用个性化的新媒体进行交流，而且受政治、经济、文化及生活环境等因素的影响，用户更习惯利用碎片化的时间来快速浏览信息、了解新闻动态等，他们也更愿意在轻松、自在的氛围中阅读。

相较于公共图书馆传统的服务模式，"互联网＋公共图书馆"智慧服务模式能更好地满足用户的需求。公共图书馆应持续强化其服务能力，借助大数据、人工智能及云计算等前沿技术，了解用户的身份信息、日常行为习惯及阅读偏好，从而提供智能检索、个性化推荐及辅助决策等知识服务。同时，公共图书馆还需优化信息资源配置、美化阅读环境、深入分析用户行为，提升服务效率，不断完善其服务体系。公共图书馆可借助互联网技术，与用户建立更加紧密的联系，及时发现用户的新需求，并鼓励用户积极参与公共图书馆的建设活动，从而实现公共图书馆与用户的良性互动。

（三）提供个性化的定制服务

随着信息社会的快速发展，用户对公共图书馆服务的要求越来越高，千篇一律、刻板保守、坐等上门的服务方式已不能满足用户的需求，那些具有个性和特色的服务手段则受到用户青睐。

"互联网＋公共图书馆"智慧服务致力于打造一个高度智能化的服务环境，旨在针对特定时间、特定地域、特定用户群体的个性化需求，提供定制化的服务。在"互联网＋公共图书馆"智慧服务模式下，用户成了服务的核心，他们主动提出需求，期望获得如"私人定制"般的专属服务。作为服务的提供者，公共图书馆则应积极构建智能服务平台，通过精细化的用户数据分析，深入理解并把握每一位用户的独特需求。同时，公共图书馆应加强与其他文化服务单位的合作，通过跨界融合与创新，为用提供定制化服务，以全面满足用户的个性化需求。

提供个性化定制服务的理念不仅能促使公共图书馆焕发出新的生机与活力，还有助于公共图书馆满足用户日益增长的个性化需求。

二、以平台为基础

用户平台是构建"互联网＋公共图书馆"智慧服务模式的基础，没有服务平台就没有图书馆服务，也就谈不上智慧服务。一个优质的服务平台是集用户、资源、服务、交流于一体的综合体，能为用户提供全方位、多功能、便捷化的智慧服务。公共图书馆应建立自己的应用平台，满足用户对平台的需求，使用户能主动、积极地参与进来，并带动更多的用户参与进来。公共图书馆馆员应树立开放、共享、共赢的平台思维。

公共图书馆要建立一个低成本、高效率、可识别的新型智慧服务平台，为资源整合、共享借阅、交流互动及联盟服务的开展提供有力保障。

（一）资源整合平台

公共图书馆资源包括公共资源和私有资源。公共资源主要包括一些公开的、免费的、供全体用户共同享用的外部资源，这部分资源容易获取，但杂乱无章；私有资源指公共图书馆通过出版商和数据库商所获得的资源，以及自建特色数据库资源和机构知识库资源，这部分资源受制于合作商家。随着采购成本逐年增加，有的公共图书馆明显感觉经济负担加重。

互联网技术的发展，推动了公共图书馆之间的交流与合作，也为资源整合提供了便利。"互联网＋公共图书馆"智慧服务模式下的资源整合就是以一种开放包容的姿态，将各级各类公共图书馆的各种资源整合在一起，借助互联网技术的优势，形成统一标准、统一路径、统一管理的超级图书馆资源整合平台。该平台不仅能够提供"一站式"检索服务和个性化服务，而且能够提供海量的免费信息资源。

超级图书馆资源整合平台还是一个资源交互平台，能汇聚不同用户的智慧，借助用户的力量来促进资源共享和更新，使平台处于一种"活泛"的状态。需要指出的是，任何一个用户都有权利获取资源，但也都有义务奉献资源，只有这样才能使平台始终保持一种良性循环的状态。

（二）共享借阅平台

共享借阅平台是为满足海量用户共享借阅需求而专门搭建的信息服务平台，它依托集成的海量信息资源与云服务共享体系，为用户提供资源搜索与获取、自助借阅管理和信息定制等服务。将共享理念融入公共图书馆的管理与服务工作中，能实现公共图书馆与公共图书馆之间、公共图书馆与用户之间、用户与用户之间的信息共享，从而最大限度地满足海量用户的借阅、共享需求。

共享借阅平台的最大优势是能简化文献资源流通中烦琐的借阅程序，从而提高文献资源利用率。用户可以查询和借阅某一图书馆或其他图书馆的文献资料，满足自身多样化的文献借阅需求；可以在线发布书评、分享感受，以及与他人进行学术研讨等；可以在线上发送请求，获得相应的线下配送服务；还可以利用共享借阅平台与其他用户建立联系，快速从另一用户手中直接借阅所需文献资料（两人不需要到公共图书馆走还书再借的流程），从而以最短的时间、最快的速度和最有效的方式借阅到所需资料。

总之，共享借阅平台能够解决公共图书馆在图书流通环节效率低下的问题，简化借阅手续、缩短借阅时间、提升借阅效率，这既能满足用户的借阅需求，又减轻了公共图书馆的负担，使公共图书馆馆员能将更多的精力投入到平台的管理和维护工作中。

（三）交流互动平台

新兴技术的发展使得社交媒体的应用越来越广泛，当下最常用的微信、QQ、微博等社交媒体已成为人们日常交流的重要工具。在"互联网＋公共图书馆"智慧服务模式下，利用社交媒体为用户打造一个智能、互通、便捷的交流互动平台十分有必要。传统信息交流平台存在时效性差、参与度低、互动性不强的缺点，很难满足用户日益增长的互动需求，也很难调动用户的参与积极性，而社交媒体平台的出现则解决了这些问题。

例如，公共图书馆可利用微信的公众号平台提升服务质量，增强公共图书馆与用户之间的联系。公共图书馆可指派专业馆员对相关服务平台进行运营与维护，确保平台稳定运行。当用户咨询问题时，快速响应。此外，借助微信公众号平台，用户可针对公共图书馆发布的信息内容或推荐的资料发表自己的看法，将自己的意见及时反馈给公共图书馆，以提升公共图书馆的服务质量与效率。

目前，不少公共图书馆都开设了自己的微信公众号，其已成为公共图书馆与用户进行交流互动的重要平台。

（四）联盟服务平台

"互联网＋"技术具备"开放生态、连接一切"的独特优势，能帮助各大公共图书馆构建联盟服务平台，为用户提供高效、便捷的服务。构建联盟服务平台既有助于打破公共图书馆固有边界、缩小数字鸿沟、减少信息不对称现象，也有利于公共图书馆拓宽智慧服务渠道、拓展智慧服务空间、扩大信息服务范围。

传统单一的图书馆服务模式在资金、技术、资源、人才等方面存在局限性，而联盟服务平台的建立，可以促使公共图书馆打破时空限制，与其他机构开展服务合作，这样既可以满足用户的多元化需求，又可以降低公共图书馆的服务成本，还可以实现与合作服务单位的互惠互利。

构建联盟服务平台是打造一个以互联网技术为基础，以公共图书馆为主，以其他联盟成员为辅的智慧服务环境，这个平台具有灵活、便利、开放的特征，能充分整合社会公共资源，最大限度地为各类用户提供协作服务。

目前，比较流行的智慧云服务平台就是一种典型的联盟服务平台。它是云计算服务商利用自身优势，为行业客户提供托管、政务和资源服务的一种商业运营模式。其运行原理是：将计算集群作为硬件平台，借助基于边缘计算的系统搭建软件平台，构建分布式人工智能系统。通过高效的数据与任务协调分发机制，该平台能够显著提升公共图书馆的服务效率，为用户提供智能化服务。

公共图书馆可基于商业智慧云服务平台搭建联盟服务平台，请 IT 公司来协助维护和运营，这样可以节约时间和人力成本，只是费用相对较高，但服务平台一旦运营起来，它的价值将是无法估量的。

三、以共享为目标

"互联网＋公共图书馆"智慧服务理念同样也倡导共享，资源、知识、服务和人才的共享，可以将各公共图书馆连接起来，形成"人人参与，人人尽力，人人享有"的全社会信息保障生态环境，让全社会公民都平等享有获取公共资源的权利。

（一）资源共享

互联网技术的广泛应用能将人与人、人与物、物与物连接起来，从而实现各公共图书馆之间的资源共建共享。资源共享是"互联网＋公共图书馆"智慧服务模式最显著的特征，它有助于消除"信息孤岛"现象，帮助公共图书馆打破发展困境，利用网络将分散在各处的公共图书馆连接在一起，加强彼此之间的联系，从而为各公共图书馆之间资源共建共享提供便利。

公共图书馆应建立共建共享平台，本着"开放、平等、协作、分享"的原则，尽可能地开放数据资源并加强对馆藏纸质文献的开发利用，从而实现人、资源与服务的完美结合，为用户打造一个开放、自由、绿色的资源获取环境。

在"互联网＋"时代，公共图书馆资源共建共享应以用户需求为落脚点，实现资源平台与用户的实时互动。"互联网＋公共图书馆"智慧服务理念更强调为用户开放资源，强调让用户参与资源共建共享，并鼓励用户通过自媒体传播资源，使他们既是资源利用者，也是资源生产者，更是资源传播者。公共图书馆要在其中充当平台运营管理者的角色，在用户获取资源、传播资源的过程中起到桥梁作用。

在"互联网＋公共图书馆"智慧服务模式下，资源共享已不是公共图书馆的个体行为，而是用户、公共图书馆、各社会组织之间的群体行为，资源的生产、组织、传播及利用都离不开各个群体的共同努力。只有树立共建共享的理念，公共图书馆才能融入互联网大潮中而不被淘汰，才能利用社会公共资源更好地促进自身发展，进而为社会作出更大贡献。

（二）知识共享

"互联网＋公共图书馆"智慧服务理念强调知识共享，倡导将隐性知识转化为显性知识，使其不断得到创新，使知识不断增值并将知识转化为生产力，进而推动社会发展。微信、微博、虚拟社区等新媒体的应用为知识共享提供了便利，也为公共图书馆构建智慧服务模式提供了条件。

公共图书馆知识服务团队可以借助新媒体构建知识服务平台，为用户营造自由宽松的知识交流和分享环境，让用户、团体或组织能作为一个知识主体参与知识交流和分享，不断进行知识创新，并承担起传递和分享知识的责任，吸引更多的知识消费者利用和创新知识。

公共图书馆在知识分享过程中充当着知识分解者的角色，负责对知识进行过滤、组织和存储，并负责管理工作。公共图书馆可利用先进技术来保障知识主体进行共享与创造，提高知识组织和管理的效率。在"互联网＋"时代，公共图书馆更倾向于通过虚拟社区为用户提供知识共享服务，从而促进用户之间的交流互动。在虚拟学术社区中，用户可以不受时间、空间的限制，自由传递和交流信息，并通过多种方式进行知识共享，实现知识的转移，以最大限度地实现知识的利用价值。

虚拟社区具有知识共享范围广、专业性强、反馈及时等特征，能为用户提供一个轻松的交流环境，但由于受个人因素、人际因素的影响，在分享知识的过程中每个用户的行为、心理是不同的，公共图书馆如果能有效地将优势资源嵌入虚拟社区，引发用户对知识分享的共鸣，带动他们主动分享知识，使他们愿意分享知识、乐于分享知识，并能从分享知识中获得满足感与成就感，那么就达到了智慧服务的目的：让知识增值，让更多用户在共享知识中获益，使用户在虚拟社区中找到存在感。

（三）服务共享

信息网络技术发展改变了人们获取信息的途径和方式，也改变了公共图书馆的服务方式。公共图书馆传统的文献传递、馆际互借及参考咨询等服务已不能满足用户日益增长的多元化需求，公共图书馆未来发展的方向是由资源共享向服务共享转变。服务共享不仅可以节约公共图书馆的资源建设成本，而且可以提升其服务质量，在创新服务模式方面起着重要作用。

1.建立服务共享云平台

智慧化云服务平台引入了大数据、云计算等技术，能全面整合文献资源数据、用户行为数据及管理运营数据，旨在为用户提供智能化、增值化服务。该平台以数据为核心驱动力，能打破时间和空间的限制，24 小时为用户服务，使用户便捷地获取信息、发布内容或共享资源。借助这一平台，公共图书馆能让用户感受到服务的无限可能性，让用户获得个性化、人性化的服务体验。

2.重视用户参与体验

用户参与是解决资源获取难题的重要途径，也是评估公共图书馆服务效益的重要指标。公共图书馆只有让用户参与到服务共享中来，才能知道哪些服务是有效的，哪些服务是无效的。用户的亲身体验和相关反馈，能够使公共图书馆明白自身服务的优势和劣势，并及时调整服务方向，提升用户的满意度。

3.构建跨界联盟

跨界联盟服务是一种新型服务模式，它不仅能缓解公共图书馆面临的人力、物力和财力压力，而且能帮助公共图书馆充分利用社会公共资源、满足用户多元化的服务需求。这种打破时空限制、模糊组织边界的联盟合作服务能让公共图书馆以开放、包容的姿态与相关服务主体进行合作，实现优势互补、互利共赢，也能让公共图书馆凭借先进的科技服务手段和丰富的资源储备为用户提供更优质、更便利的服务。

（四）人才共享

人才共享是互联网时代产生的新理念，它是国家、社会、企业等从更广的角度、更大的范围，以更高的效率来进行人力资源配置的方式。人才共享不仅包括人才的学历、资历、年龄等显性资源的共享，也包括人才的工作经验、专业技能水平等隐性资源的共享。

在"互联网＋公共图书馆"智慧服务模式下，人才共享包括内外两部分：对内而言，公共图书馆应打破部门之间传统的人力资源配置模式，构建扁平化的人才管理模式。优秀人才不再隶属于某个部门，而是以灵活的身份存在；馆员不是为了完成领导安排的机械性任务而工作，而是根据自身特长和优势，以用户需求为目标，利用网络技术、专业知识及实践经验，以最有效的方式为用户提供个性化的服务。这使得公共图书馆的服务更加直接和高效，进而促使公共图书馆为用户提供优质、高效的服务。

对外而言，公共图书馆应采用低成本、高效率的人才利用模式，这种模式打破了过去的人才利用模式，改单位"养人"为社会"养人"。在这种模式下，人才隶属于人才市场，单位只管用，只用不养，按用付酬，择优而用。这样不仅减少了财务支出，而且能集天下优才而用之，从而大幅度提高劳动生产效率。公共图书馆也可以与其他用人单位建立联盟合作关系，通过相互借调人才或调换人才的方式来提升本单位的服务效率，从而实现人力资源的优化配置。

总之，人才共享是社会未来发展的必然趋势，公共图书馆也要充分利用自身优势，积极培养懂技术、肯钻研、敢拼搏的优秀人才，为实现跨越式发展提供人力资源储备。

第三节 "互联网＋公共图书馆"智慧服务的条件

在"互联网＋公共图书馆"智慧服务模式下，公共图书馆需要从资源环境、空间布局、服务手段等方面不断进行改造升级，借助新兴科技的力量，提升自身的服务能力，向着"实体—数字—智能—智慧"的方向发展，最终构建高效、开放的智慧图书馆。

一、开放的资源环境

互联网技术的发展，颠覆了传统的服务方式，方便了人类的交流和沟通，加强了人与人之间的情感交流，使信息传输和消息传递变得更便利。公共图书馆要依托互联网技术不断进行变革，营造一个自由、平等的资源利用环境。

（一）自由浏览资源

"互联网＋公共图书馆"智慧服务实现了静态数字资源向动态网络信息资源的转变，公共图书馆文献信息资源存储不再局限于建筑空间，而是向着更广泛的虚拟空间拓展，用户只需一部能上网的智能手机，就可以在任何地方、任何时间浏览公共图书馆的信息资源。但目前由于受知识版权等因素的限制，一些公共图书馆仅能服务于特定的注册用户，如大学图书馆主要服务于该校师生等。如何提高资源利用率，让服务覆盖更广泛的人群，是公共图书馆首先要解决的问题，可从以下几个方面入手：

1.整合资源类型

公共图书馆的信息资源主要包括两类：

一类是图书馆的数字化资源，如馆藏资源、商业数据库资源、自建数据库资源等。这类数字资源具有专业性、规范性和封闭性的特点，整合这类资源需要优化资源组合、加强数据融合、重构服务系统，让数据、信息、知识等资源规范化、统一化，形成标准化、易操作和可检索的新资源，提高用户对数据资源的利用率。

另一类是非图书馆的资源，如网络资源、开放获取资源、试用数据库资源及其他动态信息资源等。这类数字资源具有散乱性、复杂性和易逝性的特点，整合这类资源比较困难，需要使用专业软件，也离不开公共图书馆馆员耐心细致、长期不断地收集和积累。虽然难度大，但其利用价值是无法估量的，对补充馆藏资源信息具有重要作用。

因此，公共图书馆应通过数据资源加工、分类和整合，以统一的标准将各种各样的数字资源整合起来，形成规范的、可供检索的数字资源，为用户提供内容新颖、来源丰富、种类完善的文献信息服务。

2.简化注册流程

互联网之所以受到广大用户青睐，其最大优势是开放性，任何人（不分年龄、性别、种族、地域、职业）都可以自由上网浏览，而且不需要一系列注册手续。如果公共图书馆在资源浏览方面能考虑到这些问题，就可以不断积攒人气、吸引用户，提高资源利用效率。

当前，公共图书馆为了保护知识产权和数据资源安全，通常会设置一系列注册手续，限制用户权限，这在一定程度上保护了图书馆的信息资源，但也在一定程度上降低了用户使用图书馆数字资源的意愿。在排除恶意下载、病毒入侵等不当行为的前提下，如果公共图书馆将用户权限设定在浏览与检索这一层级，可能会显著地提升服务质量。如此，用户不需要注册就可以检索和浏览图书馆的数字资源，如果想进一步了解详细的资源，则需要完成注册、认证等流程和手续。

公共图书馆只有简化一系列注册流程，才能吸引更多用户使用图书馆资源，因为相较于庞杂的网络资源，公共图书馆资源更具权威性和专业性，相信任何一个想在短时间内找到最佳答案的用户都希望得到专业细致的解答，而不是在一大堆无用的信息中去寻找答案。

3.开放资源权限

"互联网＋公共图书馆"智慧服务强调资源共建共享，这种共建共享不仅是公共图书馆与公共图书馆之间的资源合作共享，而且是用户与公共图书馆之间甚至是用户与用户之间的资源传递与交换，但公共图书馆为了维护自身利益往往设置了很多资源获取权限，如非图书馆读者不得进入图书馆资源系统，非图书馆人员不得进行相关操作，这会降低用户获取和使用资源的意愿。

如果公共图书馆将一些有利于大众学习的公共文献资源设置为开放状态，让用户去利用、转发、传播和创新，将静态数字资源变成动态信息资源，使资源不断得到更新、丰富和发展，则会让更多用户受益，公共图书馆也能更好地实现自身的价值。因此，开放权限、服务大众，这未尝不是公共图书馆智慧服务的重要组成部分。

（二）平等利用资源

公共图书馆作为一个公共服务事业单位，有义务为所有用户提供平等的资源利用服务，这种平等服务，既包括为各类人群提供服务，又包括为各个地方提供服务。

"互联网＋公共图书馆"智慧服务为实现全社会公民平等地利用资源提供了条件。一方面，开放的网络环境使任何人都可以获取资源。在公共图书馆依托互联网将数字资源存储到云端服务器后，为保障公共文化服务的公平性，相关数字资源理应向全社会公民开放，但为了保护版权、保证信息安全，公共图书馆不得不设置一些限制条款，这就使得一部分人很难享受到公共文化服务。如果能转变一下思路，让大部分人可以利用信息资源，而只是限制一小部分人使用信息资源的权限，那么将大大提高信息资源的利用率，公共图书馆的社会价值也将大大提高。

另一方面，数字鸿沟、城乡差距、地域限制等因素一直是推广公共文化服务的阻碍，它使一些贫困地区很难享受到公共文化服务产品。"互联网＋公共图书馆"智慧服务倡导依托互联网建立全网数字资源，从而为各个社会群体提供智慧服务。只要公共图书馆有服务全社会的勇气和决心，就可以通过网络将数据资源服务延伸到社会的任何一个角落，即只要在有网络的地方，民众就能享受到公共图书馆的服务，获取所需的信息资源。总之，"互联网＋公共图书馆"智慧服务是智慧服务的一部分，它不仅代表了公共图书馆的服务形象，也体现了公共图书馆的责任和担当。

（三）免费获取资源

"互联网＋公共图书馆"智慧服务主要是通过数字阅读的方式向公众提供服务，与当前比较流行的微信阅读、豆瓣读书、网易云阅读、微博阅读等阅读平台相比，公共图书馆的数字阅读还有待提升。在无线网络、智能手机不断普及，移动阅读越来越方便，读者的阅读时间逐渐碎片化的数字阅读时代，公共图书馆要想抢占数字阅读推广先机，就要提供大量免费、有深度的数字阅读资源，促使用户从短、平、快的"浅阅读"向"深阅读"转变，也只有这样才能发挥公共图书馆在系统性、知识性和专业性方面的优势。

公共图书馆可为用户提供的免费资源如下：

一是科普类阅读材料。这类读物具有较强的知识性和专业性，对开发智力和创新知识具有重要意义，免费向用户这类读物，对开阔读者眼界、拓宽读者知识面、提升读者专业素养很有帮助。

二是经典类阅读材料。经典作品是经受时间考验而保存下来的、具有强大生命力和影响力的优秀作品，对提高读者修养、提升全民素质具有重大意义。

三是生活类阅读材料。这类材料可以帮助读者掌握日常生活技巧，引导读者热爱生活、珍惜生命，陶冶读者情操，具有重大价值和意义。

总之，在"互联网＋公共图书馆"智慧服务模式下，公共图书馆能为用户提供方便、快捷、易阅读的免费资料，使用户在开放的阅读环境中进行自由选择，帮助用户在知识应用过程中不断创新。

二、交互的共享空间

随着科学技术的发展，空间服务已成为公共图书馆智慧服务的重要内容，有利于公共图书馆空间服务的转型与升级。构建人与人、物与物以及人与物之间相交互的共享空间是公共图书馆智慧服务的未来发展目标。打造基于"互联网＋"技术的信息资源共享空间、知识学习共享空间、创客服务共享空间、公共文化共享空间等，是拓展公共图书馆服务边界的重要途径。公共图书馆空间服务的最终目标是建立相辅相成、彼此协调的虚实交互服务空间。

（一）信息资源共享空间

实现信息资源共享是公共图书馆构建智慧服务模式的重要内容，特别是随着互联网技术的发展，公共图书馆与公共图书馆之间、公共图书馆与其他机构之间的交流、协作更加频繁，信息资源共享活动也更加频繁。公共图书馆要想提高信息资源利用率，最大限度地满足用户对信息资源的需求，就要不断拓展信息资源共享空间。所谓信息资源共享空间，是指以数字化信息资源为背景，通过对公共图书馆技术、资源和服务的有效整合，为信息供需双方设计的一个协同工作空间。

拓展信息资源共享空间能使图书馆馆藏资源不断得到更新、整合和补充。公共图书馆既要拓展自身信息资源空间，又要拓展网络信息资源空间，为用户提供一个充满弹性的信息资源共享和交流空间。在这个空间中，用户可以下载、利用信息资源，也可以对信息资源进行评价和分享，还可以在此基础上独立创作新资源，或与志趣相投的爱好者共同完成创作。

总之，信息资源共享空间为用户提供了一个广阔的利用和分享资源的天地。公共图书馆应协助用户获取更多的信息资源，为用户开拓资源获取空间，展现智慧服务的本质。

（二）知识学习共享空间

相较于信息资源共享空间，"互联网＋公共图书馆"智慧服务模式下的知识学习共享空间更高级——前者注重"物"，后者注重"人"。针对用户需求的知识学习共享空间更强调为用户提供与学习有关的空间环境，这种空间环境不仅包括实体的学习共享空间，还包括虚拟的学习共享空间。

实体学习共享空间在传统公共图书馆中就已具备，并发挥了相应的作用，如为用户提供面对面的学习探讨场所、为用户研习提供专门的服务场所、为用户的作品提供特殊的展示场所等。

虚拟学习共享空间是近年来公共图书馆重点拓展的领域，旨在充分利用互联网技术，为用户打造一个融合虚拟现实、增强现实、混合现实等技术的"场景式"知识学习空间，让用户能通过虚拟网络获得现实感、场景感和参与感，让用户获得真实的学习体验，并通过网络向其他用户分享这种感受，从而让更多用户参与进来。

虚拟学习共享空间比实体学习共享空间更环保，更注重用户自身的学习感受和效果，更注重用户在线学习的便利性，会面向用户提供学习指导和帮助，以提高用户的创新能力等。因此，"互联网＋公共图书馆"智慧服务模式下的知识学习共享空间更侧重促进用户的知识创新和共享，最终实现用户个体与群体知识的不断创新，满足用户个体专业成长的需求。

（三）创客服务共享空间

"互联网＋公共图书馆"智慧服务模式下的创客服务共享空间，就是通过部署线上、线下互通式的创客空间，为高科技领域创新创业用户提供线上、线下互动交流和学习的空间，形成功能强大的创业集散地。该空间不仅是面向初级创客的教育与体验平台，而且是面向中高级创客的交流、合作、创业平台，它以虚拟社区、技术论坛、开源软件及现场体验为基础，并提供远程技术创新的交流和合作服务。

创客服务共享空间是创新创业的孵化器，能为用户提供工作空间、网络空间、社交空间和资源空间。它依托公共图书馆现有的资源和设备，灵活机动地建设不同类型的创客空间，也可以根据用户个人需求来改造已有的创客空间，使有限的空间资源得到充分利用，从而为更多创业者服务。

此外，"互联网＋公共图书馆"智慧服务模式下的创客服务共享空间还可以寻求合作伙伴，与其他创客服务单位联手打造共享空间，这样既可以节约成本，又可以开辟新的创客空间，为用户创新创业提供更多的机会。因此，构建一个线上线下、内外结合的全方位、立体式创客服务共享空间，是"互联网＋公共图书馆"智慧服务的重要内容。

（四）公共文化共享空间

"互联网＋公共图书馆"智慧服务模式下的第三空间不仅能为用户带来感官方面的体验，而且能为用户带来深层次的信息、知识和智慧服务。它是对传统公共图书馆的一种超越。

首先，它能为用户提供一个安静的公共场所，满足用户终身学习的需要。公共图书馆不仅保留着一座城市的历史和文化，而且是现代都市人的精神家园和"集体书房"，它给用户提供了平等享有公共文化服务的机会，任何人都可以免费享用公共图书馆提供的资源、设备和技术服务，也可以在公共图书馆学习各种专业知识，在公共图书馆浓厚的学习氛围中提升自身素养。公共图书馆应为用户提供一个长期免费、无障碍、零门槛的终身学习场所。

其次，它能为用户打造一个泛在化的虚拟空间，满足用户碎片化阅读的需要。5G技术高速率、低时延和超大连接的通信传输特点为公共图书馆打造万物泛联、人机交互的虚拟空间提供了条件。用户在等餐、排队、坐车或等人的碎片化时间，通过一部智能手机就可以随时、随地、随意地浏览公共图书馆的信息资源。

最后，它能与咖啡馆、奶茶店、酒吧等商家合作，满足用户放松身心的需要。公共图书馆与商家合作打造的休闲场所，为用户提供一个放松身心的空间。在这里，他们可以随性地喝一杯咖啡，自由地和朋友交谈；或者听一段音乐，从枯燥的生活和工作中暂时解脱出来，去放飞思绪、遨游书海，享受身心的愉悦。

由此可见，"互联网＋公共图书馆"智慧服务理念改变了传统公共图书馆原有的空间布局。它不仅依赖现代科学技术，而且依赖公共图书馆工作人员的智慧。利用空间再造拓展公共图书馆的服务边界，利用网络开创公共图书馆虚拟空间服务，在资源、技术、知识及服务方面实现公共图书馆与公共图书馆之间、公共图书馆与用户之间以及用户与用户之间的共享，是公共图书馆空间服务的重要目标。构建一个开放、平等、免费的绿色环保图书馆是空间服务的基本原则。因此，互联共享的智慧空间服务也是公共图书馆智慧服务的重要内容。

三、智能的服务手段

智能服务是"互联网＋公共图书馆"智慧服务的重要内容，它充分利用物联网、云计算、大数据、人工智能及 5G 网络的技术优势，将智能手段融入图书馆服务中，从而有效提升了公共图书馆的服务水平和服务效率。

"互联网＋公共图书馆"智能服务通过对网、云、端设施（"网"指广泛连接的信息通信网络；"云"指高效协同的数据处理系统；"端"指全域感知的智能终端设施）的布局，将公共图书馆业务纳入智能感知、智能管理、智能服务的范畴，实现无人化、智能化和智慧化服务，主要体现在智能资源服务、智能技术服务、智能需求服务、智能管理服务及智能社会服务五个方面。这五个方面相互联系、彼此交融，共同形成了一个智能环境，带动了公共图书馆智慧服务质量的整体提升，推动了公共图书馆事业的发展。

（一）智能资源服务

"互联网＋公共图书馆"智能资源服务就是充分利用先进科技手段迅速捕捉、整合、存储、管理和出版数据资源，将静态的馆藏资源变成动态信息资源，形成互联互通、共建共享的信息资源服务主体；帮助公共图书馆打破时空限制，使资源服务在互联网上无限延伸，为公共图书馆带来无限发展契机。其主要由资源采购、自主服务和用户分享三个方面构成。

1. 资源采购

资源采购一方面通过人工智能和大数据分析技术实现，在精准掌握用户对资源信息的需求后，利用在线系统让用户自主完成文献资源的采购任务，并利用系统自动完成审核、验收、编目和存储等业务，减少人工参与；另一方面通过虚拟现实技术以"虚拟书架"的形式呈现馆藏书目及电子资源，用智能呈现代替烦琐的人工查找，既可帮助用户精准选购数字文献资源，避免重复采购，又可自动完成订购，降低人力成本。

2. 自主服务

自主服务是智能资源服务的重要内容，包括自助申购、自主借还、自主分享等，用户利用公共图书馆在线采购系统，既可自助采购资源，也可自主贡献资源。用户可以通过自主借还系统或在线借阅服务，将自己感兴趣的数字资源加入个人图书馆，利用电子阅读设备完成阅读、标注、摘录、点评、转载等阅读活动；还可以针对感兴趣的话题发表观点，分享给其他用户，或与其他用户一起进行交流和探讨。这种服务更能调动用户的主动性和积极性，吸引他们关注公共图书资源。

3. 用户分享

公共图书馆可以利用微信、微博、QQ等社交工具，借助自媒体的传播能力来提高资源利用率，比如可通过明星效应、朋伴影响和熟人社交等手段来分享和推荐图书资源，达到一传十、十传百、百传千的效果。

总之，智能资源服务是"互联网＋公共图书馆"智慧服务的基本服务手段之一，其效率高低直接关系着公共图书馆的服务效益。

（二）智能技术服务

用户画像、情景感知等智能技术的应用，为"互联网＋公共图书馆"智慧服务带来了新的发展契机，有助于公共图书馆不断创新服务模式。

1. 用户画像

用户画像是指为了深入了解用户特征、预测用户真实需求、激发用户潜在需求等，在一系列真实数据的基础上通过描述用户特征、需求和偏好，构建的目标用户模型。

用户画像技术有效解决了用户在面对庞杂的数字信息资源时难以作出高效决策的问题，为用户在信息的海洋中提供了精准的导航和个性化的服务。公共图书馆可利用大数据技术、数据挖掘算法及知识组织建模等技术手段，根据用户背景、爱好、习惯、行为等因素，通过"数据化—标签化—关联化—可视化"的呈现过程，构建用户画像，为公共图书馆进行个性化检索、精准推送、准确宣传提供依据。

当前，公共图书馆的推荐服务主要包括静态推荐服务、动态推荐服务以及个性化推荐服务，但在实际应用中却存在智慧程度不高、发展受限等问题。为此，本节根据调研现状，设计个性化智慧推荐模式，构建以用户画像为核心的个性化推荐服务模式。用户画像可以描述为一个从海量数据中获取的，由用户需求、偏好等信息构成的形象集合。用户画像作为大数据时代实现精准营销及服务的应用方法之一，已被广泛应用于计算机领域和电商领域。构建用户画像，有助于公共图书馆了解用户的真实需求，并为其匹配、推送相应资源，从而实现精准服务。

用户画像的构建是一个需要逐步完善的过程，公共图书馆需要收集、整合用户的静态数据（包括姓名、年龄、学历、读者证账号等）和动态行为数据（包括借阅数据、检索数据、下载数据、阅读数据、社交活动数据、咨询数据等），并将其存储在数据库中。用户数据采集包括用户与系统平台（网站门户、微信平台、移动 App 等）交互产生的数据以及用户信息采集设备（监控设备、传感器、可穿戴设备等）收集到的数据，表现为文本、图片、视频、位置信息、时空数据等多种数据类型。

获得用户数据之后要对用户数据进行统计、聚类、关联等深度挖掘分析和有效表达，为每个用户贴上"标签"。建立标签模型，可以进一步挖掘用户个体特征和群体特征向量，以及用户之间的关系图谱。同时，由于用户的兴趣由长期兴趣和短期兴趣组成，因此用户画像也需要根据用户需求、偏好的变化进行动态更新。

2.情景感知

情景感知技术，作为公共图书馆服务领域的一项创新，旨在通过深度分析用户的个性特征、行动轨迹及兴趣偏好等大数据，利用计算机智能处理用户的情景数据，从而精准地为用户推荐所需资源。

最初，单元情景感知技术主要聚焦于将 RFID 技术融入公共图书馆的日常运营中，如自助借还书服务、馆藏管理优化及门禁系统智能化等，实时捕捉并传输用户活动数据，以了解用户的行为模式与习惯。随着技术的不断成熟，情景感知应用系统开始在公共图书馆中广泛部署并发挥重要作用，引领了图书馆服务模式的转型与升级。

该系统采用先进的人机交互模式，能够依据多样化的情景信息，精准呈现用户的个性化需求。这不仅使图书馆能够全面洞悉用户的信息活动轨迹，还能实时把握用户的动态变化与具体需求，进而灵活提供包括场景服务、个性化推荐、即时咨询及自助服务在内的全方位智能服务，充分彰显了公共图书馆在智能化服务方面的卓越能力。

情景感知服务具有智能性、主动性与情景自适应性等特点，具备良好的发展前景，近年来备受图书馆界的关注。其应用实践的稳步推进，不仅提升了用户服务体验，也有效提高了服务效率。因此，全面深入地研究情景感知理论及相关技术，对于推动图书馆服务创新、提升用户满意度具有不可估量的价值。

（三）智能需求服务

智能需求服务是一种内隐式的能满足用户内在需要的服务，是一种深层次的心理追踪服务，即利用智能工具追踪用户行为习惯、生活规律、兴趣偏好等，对用户信息需求进行归纳、总结、分析和管理，从而为用户提供决策支持、行为引导和智慧推荐等方面的服务。

当前,各电商平台为消费者提供的智能需求服务已达到比较成熟的阶段。例如,当消费者输入想购买商品的关键词时,系统就会自动匹配相近关键词供其选择;当消费者点击进入商品页面时,相同或相似的商品就会展示出来;当消费者想了解商品详细信息时,可以通过页面介绍或其他消费者的评价来判断商品品质;当消费者退出选择页面后,系统也会时不时地跳出一些与消费者曾关注过的商品有关的推荐页面,而这一切都是计算机根据用户需求进行智能识别后的结果。在"互联网+公共图书馆"智慧服务模式下,公共图书馆可借鉴电商平台的智能需求服务模式,提供智能识别、智能追踪、智能推荐、智能决策等服务,用智能服务满足用户内在需求。

1. 智能识别

智能识别是指公共图书馆通过部署一些智能感知基础设备,捕捉一些重要数据信息,如用户身份、出入时间、借阅内容、资源利用情况、访问时长等完整、有效、合法的数据信息,然后对这些数据信息进行组织、清洗、校验、加工、抽取、存储及备份,从中分析出用户的专业、特长、位置等信息,了解用户的兴趣、偏好、习惯和需求,并推送有价值的信息内容供其选择。

2. 智能追踪

智能追踪是指利用搜索定位系统来确定物品或人物的活动轨迹,该技术经常应用于物流领域,商家或消费者可以借助物流系统来追踪货物、监控货物及了解货物,掌握货物运输的动态情况、异常情况及运输轨迹等。公共图书馆也可借鉴这一做法,通过智能系统来追踪用户的行为,了解用户检索、阅览、借还情况,把握用户的行为习惯、活动规律、参与欲望等,为后期的个性化服务提供依据。

3. 智能推荐

智能推荐是基于大数据和人工智能技术,在数据和算法的驱动下,为用户提供的个性化智能推送服务。传统的推荐服务存在工作效率低、推荐误差大的缺陷,而智能推荐服务能借助数据挖掘、云计算及人工智能技术对用户的访问时间、内容、次数等进行分析，了解用户的访问行为、目的和需求，并对同一用户的不同访问方式或对不同用户的相同访问方式进行分类整理，在访问信息与用户需求之间建立联系，从而从海量的访问数据中挖掘出有价值的数据，再用协同过滤算法推荐给用户。

4.智能决策

智能决策是以信息技术为主要手段，通过积累大量的原始信息数据，利用云计算庞大的存储空间和强大的计算能力对海量信息数据进行分析，为管理者作出正确决策提供帮助的智能人机交互过程。公共图书馆可将人工智能技术的知识表示与处理手段应用到智能决策支持系统的建设中，通过对知识的过滤和管理，向用户提供有效的决策支持。

智能决策支持系统是将人工智能技术和决策支持系统结合起来，运用专家系统技术，使决策支持系统能更准确地提供知识，如关于决策问题的描述性知识、决策过程中的过程性知识、求解问题的推理性知识，并能通过逻辑推理来帮助解决用户复杂的决策问题等。自动化决策是智能决策支持系统的主要特征，不需要人为干预，智能决策机器人就能进行自动化管理、跟踪、评估和反馈，通过高效、统一、透明的决策过程，最终实现智能决策的目标，协助用户更好地分析和解决问题。

（四）智能管理服务

智能管理是人工智能与管理科学、知识工程与系统工程、计算技术与通信技术、软件工程与信息工程等多学科、多技术相互融合、相互渗透而产生的一门新学科。智能管理能利用计算机技术来提升管理效益，实现管理的高度智能化，物联网、大数据、云计算、人工智能等新兴技术为它注入了新的活力，使其呈现出无人化、无纸化、自主化及移动化的特点，不仅减少了人力资源投入，而且提升了管理效益，其高质低耗的特点逐渐得到各行业的认可，并在社会实践中得到广泛应用。

例如：智能物流仓储管理可以实现24小时无人值守，使仓库订货、货物入库、货物管理和货物出库的效率更高；智能停车场管理可通过一卡通自动识别车辆信息，实现自动语音播报、收费、计时等功能，使停车变得方便快捷；智能楼宇管理可通过自动控制系统，实现建筑物内设备的远程监控，确保设备运行正常，并降低运行能耗。

在"互联网＋公共图书馆"智慧服务模式下，公共图书馆可借助智能设备和智能系统，实现24小时无人值守管理、自助借阅管理、虚拟远程管理、机器人服务管理等，最大限度地减少公共图书馆人力资源投入，提升公共图书馆的服务效率，拓宽公共图书馆的服务渠道，扩大公共图书馆的服务范围，使公共图书馆管理更加人性化、智能化。

1. 24小时无人值守图书馆

24小时无人值守管理在超市、银行、健身房、洗车房等场所已较为普遍，在公共图书馆领域也很流行。它是互联网技术发展到一定阶段的产物，也是公共图书馆拓展服务形式的一个热点和方向。

24小时无人值守图书馆具有服务时间长、覆盖范围广和流通速度快的特点，能够极大地提高公共图书馆的智能管理水平，提高公共图书馆自助化服务的效率，并以人文关怀为主导，以服务创新为目标，集成最新RFID技术、数据通信技术和数据处理技术，以及相关安全技术和生产工艺，是人性化、数字化、智能化技术与传统公共图书馆的完美结合。

24小时无人值守图书馆可以为用户提供休闲空间，用户可凭身份证、市民卡自助完成办证、借阅、续借、还书等服务。24小时无人值守图书馆有助于解决公共文化资源分配不均问题，在推动公共文化服务均等化和推广全民阅读等方面具有重要意义。

2. 自助借阅管理

自助借阅管理可分为线上和线下两种方式。线上主要依靠自助借阅管理平台。用户可以借阅电子图书，在线进行浏览、下载、阅读、标注、评论和转载等，还可以通过微信、支付宝等对收费项目进行结算，并通过联网书目系统自助借阅或归还图书；如果需要纸质本，还可通过该平台提出申请，图书馆将以"快递到家"的形式将图书送到用户手上，满足用户足不出户就可以享受图书馆服务的需求。线下主要依靠智能自助借还机，这是公共图书馆为了提高智能化管理水平和服务效率，实现一站式管理、通借通还而采用的新型管理方式。它将 RFID 技术应用到公共图书馆中，代替传统的磁条和条码管理系统，便于用户进行自助借还，从而提高了公共图书馆的服务效率，同时有利于大批量图书的高效流通。

3.虚拟远程管理

虚拟远程管理是一种依靠"AI＋5G"技术的新兴管理模式，利用人工智能技术和虚拟现实技术，以 5G 超清视频的传送方式提供远程浏览等服务，使用户在偏远地区也能利用经济发达地区的图书资源，特别是那些需要到偏远地区进行实地考察的科研人员，无论其身在何处，只要有需要就可以登录图书馆虚拟远程管理系统，查找自己需要的资料。这种管理模式也特别适合具有总分馆的大学图书馆，无论分馆开在什么地方，都可以让用户通过虚拟远程管理系统获得总馆的资源，从而解决因地域差异而引起的资源分布不均问题，这样不但可以节约公共图书馆的采购成本，而且可以方便用户平等获取公共资源。

4.机器人服务管理

机器人服务管理是以人工智能为核心，融合人脸识别、语音识别与语音合成技术，能够进行人机互动的一种信息处理方式，是面向实体服务的服务管理方式。当前，将机器人服务管理应用到公共图书馆中已不是什么新鲜事，公共图书馆可将人工智能技术融入硬件管理中，用机器人代替馆员去解决一些重复的、简单的问题，使馆员的服务工作更高效。在未来，随着人工智能技术的进一步发展，智能机器人将发挥越来越重要的作用，它将为公共图书馆的发展增光添彩。

（五）智能社会服务

提供社会服务是公共图书馆作为公共文化服务单位应尽的责任和义务，智能终端、无线通信、互联网技术的广泛应用，为公共图书馆开展智能、泛在和高效的社会服务提供了条件。公共图书馆应积极创新社会服务模式，构建数字化、网络化、信息化、智能化的智能社会服务模式。公共图书馆可运用人工智能技术，为政府、科研单位和企业提供智慧服务，将知识服务转化为生产力，实现价值增值，促进社会不断进步。在未来，随着物联网技术的发展，信息技术的覆盖范围会更广泛，最终将人类社会从智能社会带入万物智联、万智互联的全息社会。

具体来说，"互联网+公共图书馆"智慧服务模式下的智能社会服务包括决策支持服务、科学研究服务和产品研发服务。

1.决策支持服务

决策支持服务是指利用公共图书馆的情报服务能力，为知识用户提供特定的专题服务，如内容揭示、知识加工、数据挖掘等，即通过人工智能技术将一些潜在的、隐性的、深层次的知识提取出来，形成有价值的信息，为政府、企业、社会团体提供智力支持和决策参考。

2.科学研究服务

科学研究服务专注于为研究型用户提供知识发现与创新方面的支持。为了达到这一目的，公共图书馆可以精心构建"专家系统融合深度学习"平台，该平台将自主研发的专家系统与前沿的深度学习技术紧密结合，实现人类智慧与机器智能的深度融合。此平台能够提供一系列高级服务，包括但不限于信息的动态关联分析、用户特定应用场景的智能识别、知识资源的深度重组以及前沿学科研究的自动追踪等。通过这些服务，平台能够精准地向研究型用户推送各学科领域的最新研究成果、研究趋势及未来可能的研究方向。

此外，该平台还设有虚拟交互空间，为用户提供一个便捷、高效的交流平台，促进学者之间的思想碰撞与学术合作。这不仅有助于加快知识创新的步伐，还能够促进跨学科研究的发展，为科学研究领域注入新的活力。

3.产品研发服务

产品研发服务是指协助科研团体和企业将科研成果转化成社会生产力，将抽象知识产品转换为具体的实用成品。公共图书馆可利用智能工具对分散在相关领域的专业知识进行集成，从中提炼出有利于产品研发和知识创新的"知识精品"；协助科研团体和企业机构寻找知识增长点，将隐性知识转化为显性知识，缩短产品研发周期，提高产品研发效率，提升企业产品的含金量。

此外，公共图书馆还可营造智能服务场景，利用机器学习、知识图谱等人工智能技术，为研发人员提供智慧感知、获取、分享等创新型服务，确保产品研发的持续性和创新性。

第六章 公共图书馆智慧服务模式创新探究

第一节 公共图书馆智慧服务模式创新面临的问题

一、公共图书馆转型的问题

（一）图书馆服务理念转变的问题

公共图书馆智慧服务模式构建首先要解决的就是服务理念转变的问题。传统的公共图书馆提供的是以藏书为基础的被动服务，而智慧服务模式更强调公共图书馆以用户为中心提供主动服务。公共图书馆应具备发现用户需求、解决用户问题的能力，服务的内容也应随着公共图书馆发展目标的变化而不断变化和创新。可见，如果公共图书馆不转变自身的服务理念，就很难构建智慧服务模式。

（二）馆员角色转变的问题

公共图书馆智慧服务模式构建对图书馆服务提出了更高的要求，必然也将对公共图书馆馆员的素质提出更高的要求。随着信息技术的不断发展，公共图书馆馆员的工作内容越来越复杂,需要利用图书馆资源、公共空间等为读者提供多样化的服务。公共图书馆馆员的角色经历了从单纯的图书管理员到咨询服务员的转变,进而发展到高校图书馆所倡导的学科馆员,并最终向智慧馆员的角色演变。因此,公共图书馆建立智慧人才体系、编制馆员素质提升计划、制定绩效考核制度等就显得越发重要。

(三)图书馆建设主体的问题

公共图书馆智慧服务模式创新很难仅靠某一个图书馆独立完成,而是需要多方机构相互合作。

一是需要公共图书馆与企业进行合作。公共图书馆更加了解图书馆用户的需求,企业则更了解新技术的发展情况、应用情况,同时企业在技术力量、产品服务和资金投入等方面具有先天的优势,企业可以利用这些优势为公共图书馆提供其所需的设备或软件,为公共图书馆智慧服务模式创新提供强有力的技术支持。

二是需要各公共图书馆之间开展合作。公共图书馆可通过建立公共图书馆联盟等方式,以合作协议、联盟平台等为基础,在资源共建共享、服务创新、管理增效等方面展开合作,从而均衡区域发展、促进资源高效利用,以避免资源重复建设等问题。

三是相关机构之间要开展合作。不同部门的合作,可整合分散的信息资源,通过数据的开放、共享与融合,实现数据获取的同源性,并提升业务数据的关联性,从而实现增值创新服务。

二、支撑体系的问题

智慧图书馆是公共图书馆未来发展的必然趋势。近年来,无论是公共图书馆,还是整个产业链的上下游厂商,都在做一些尝试,但从智慧图书馆的实际建设过程中可以看到，公共图书馆智慧服务模式创新不是一蹴而就的，它是渐进的、不断发展的过程，并且这个创新过程需要大量的资金、人力、技术的支持，任何一个因素发生负向变化都可能对公共图书馆智慧服务模式创新造成不利的影响。只有消除这些负面影响，才能更好地建设智慧图书馆。

例如，中国国家图书馆在2020年年初提出了建设"全国智慧图书馆体系"的初步构想，将全国智慧图书馆体系建设项目的总体架构归纳为"1+3+N"。其中"1"是指一个云上智慧图书馆，"3"是指搭载在上面的智慧化知识服务运营平台、全网知识内容集成仓储系统和智慧图书馆管理系统，"N"则是指线下的所有实体智慧服务空间。同时，中国国家图书馆还将建立智慧图书馆评价体系、标准规范体系和智慧图书馆研究及人才培养体系三大支撑保障体系。智慧图书馆体系的提出有利于智慧图书馆建设朝着标准化、统一化的方向发展。

（一）成本问题

成本问题主要包括构建公共图书馆智慧服务模式时的软硬件建设的资金投入、人员培训投入等。目前，市场上的RFID标签价格普遍偏高，即便是低价购买的产品，每张标签的价格也至少达到1元。对于藏书量庞大的公共图书馆而言，仅这一项标签费用就构成了不小的经济负担。受大环境的影响，一些公共图书馆经费占比不断下降，但书刊和数据库却一直在涨价，公共图书馆的资源购买力实际是不断下降的。

在硬件采购领域，公共图书馆通过引入先进设备与现代化技术，有效解决了传统业务管理及服务过程中面临的工作繁重、流程烦琐及效率低下等难题。这些创新举措确实满足了现代读者日益增长的多元化需求。然而，鉴于这些技术多为新兴领域或初涉公共图书馆应用，市场上流通的许多产品仍处于试验阶段，因此其成本相对较高，给图书馆带来了一定的压力。

在软件采购方面，公共图书馆相关系统近几年越来越倾向于打造人书相连、人人相连、书书相连的智能化系统，以便更好地提供精准化、个性化服务，这也导致软件的开发成本较高，而且大多数软件厂商每年会收取一定比例的服务费，这对公共图书馆来说也是一笔不小的开销。

因此，从整体来看，构建公共图书馆智慧服务模式的开支是非常大的。对于一些普通图书馆来说，如此庞大的资金投入是很难实现的。

（二）技术问题

技术的发展虽然带给了公共图书馆更先进的管理理念并创新了公共图书馆的服务模式，但技术也不是万能的，并不能解决所有的问题，且技术是通过技术应用实例不断完善的。在这个过程中，很多技术应用处于试验阶段，必然会存在一定的问题。

例如，在图书芯片方面，RFID 已经成为一项关键技术，但在实际应用中仍然存在一些问题。RFID 技术已经广泛应用于各大公共图书馆的流通、盘点、分拣、定位等工作中，但实际工作效果并不尽如人意：在读取标签时会出现漏读或者多读的情况，并且在流通业务中，读者单次借还册数不宜过多，否则容易造成错读。RFID 技术在应用的过程中需要人工为图书设置 RFID 芯片作为数据基础，而人工设置芯片及进行数据转换也是一项工作量巨大、重复性极强且很容易因为疲劳而出错的工作，一旦数据出错，很容易对后面的工作造成一连串的负面影响。

另外，在个性化服务方面，公共图书馆要想提供个性化、精准化的推荐服务，就需要完整的用户画像数据，这就需要通过各种软硬件设备来获取所需的数据信息，包括用户行为轨迹信息。在获取基础数据后，还需要有对海量结构化数据和非结构化数据的处理能力，并能从中挖掘出与用户需求对应的服务信息。

在实际应用中，在大量数据的采集、传输、加工等方面仍有一些技术难点需要攻克，现有技术并不能完全实现"想读者之所想"。例如，纸电一体化理念已经提出多年，但实际收效甚微，造成这一现象的，除了技术层面的原因，还有商业层面的原因。因此，构建公共图书馆智慧服务模式是一项长期性工作，它是随着技术的发展而不断更新迭代的。

（三）标准问题

规范、统一的建设体系对构建公共图书馆智慧服务模式有着正向的指导意义，目前尚无统一的规范的标准可用，导致各组织机构在构建公共图书馆智慧服务模式时自成一体，存在资源重复建设、平台兼容性差、平台维护成本高、共享效率低等问题。公共图书馆智慧服务模式的构建离不开各项现代化信息技术，而技术的发展也是一个不断积累的过程，使用标准也需要不断完善。

例如，物联网系统一般可分为感知层、传输层、支撑层和应用层四个层面。在感知层，物联网行业尚未形成统一的行业标准，这就导致建立在物联网技术基础之上的公共图书馆智慧服务模式也缺乏统一的建设标准，近几年广泛应用于图书馆行业的 RFID 标准则仍处于不断完善的过程中。为促进其发展，国际标准化组织（ISO）等标准化组织先后制定了相关标准。2005 年，中国 RFID 产业联盟成立，并针对其技术发展作出了规定。相关部门则参照 RFID 标准体系编制了《中国射频识别（RFID）技术政策白皮书》，其中提出：从国情出发，建立以企业为主体，政、产、学、研、用相结合的自主发展模式。但在实际应用中不难发现，不同厂家的产品并不能达到 100%兼容，这在一定程度上影响了服务效果。

此外，RFID 系统和原有公共图书馆管理系统属于不同体系，原有公共图书馆管理系统的设计标准是以条码技术为基础的，而 RFID 系统是以 RFID 标签为基础的，对于如何将两者统一起来，暂时还没有很好的办法，这就导致在公共图书馆实际业务中需要同时运行两套系统，因而增加了重复工作量。

再如，现有物联网应用层的数据交换标准一般是针对特定行业或者某一项具体服务提出的，具有一定的局限性，缺少统一的数据交换标准体系，或者说在当前的环境下，统一的数据交换标准体系难以满足各项业务需求，因此在进行系统扩展或者服务创新迭代时，需要重新制定数据交换标准，这也制约了公共图书馆的发展。

总之，新一代公共图书馆管理系统应能与馆内外各种应用系统对接，但事实上目前还未出现符合该要求的公共图书馆业务管理系统。一方面，大部分公共图书馆都积累了大量的历史书目数据、用户数据和行为数据等，但目前并没有统一的数据标准，这也会导致在进行系统更新迭代时因新旧系统不兼容等问题造成数据丢失、失真等问题；另一方面，从实践情况来看，智慧化设备的发展及应用是快于系统平台的开发应用的，在这种情况下，系统平台与一些新型的智慧化系统，比如智慧化楼宇管理系统、空间管理系统、大数据系统等的对接始终处于滞后的状态，缺乏统一的对接标准，各服务厂商基本处于独立开发的状态，这在一定程度上阻碍了系统的共享互联。

（四）安全问题

安全问题主要包括隐私数据安全、用户健康等问题。构建公共图书馆智慧服务模式时需要对馆内用户、图书、建筑环境等各类信息数据进行互联互通，传感技术、人脸识别技术等在给用户带来便利的同时，也带来了隐私数据的安全性问题。目前，公共图书馆数据安全治理缺少相应的行业规范支持，且没有统一的技术标准和治理方式可循，公共图书馆数据的分类分级、数据保密、安全备份等制度仍不太健全；公共图书馆馆员的数据安全意识有待增强，数据安全技能和安全管理技能均有所欠缺。

如何保护各类信息数据安全，是构建公共图书馆智慧服务模式过程中不可忽视的问题，比如用户阅读习惯数据、用户行为轨迹数据、用户基本信息数据、人脸识别数据等隐私的安全性问题。因此，在构建公共图书馆智慧服务模式的过程中，也应形成完善的信息安全保障机制，在为用户带去更加便利、人性化、智慧化的服务的同时，也要确保用户隐私数据的安全。

用户健康问题主要涉及公共图书馆各项硬件设备可能带来的辐射问题，尤其是 RFID 系统相关设备。例如，RFID 系统相关设备在运行状态时，人体将长时间处于电磁辐射场中，而一般公共图书馆使用的均为高频或者超高频设备，工作频率较高，相应地，其辐射能量也就较大，辐射的距离就会较远，虽然这种电磁波辐射对人体造成的伤害程度暂无科学评估数据，但在设备工作时，人至少要与其保持 30 厘米的距离。总之，在构建公共图书馆智慧服务模式时应持续关注此类安全问题，使 RFID 系统能够更安全地为用户服务。

（五）监管问题

构建公共图书馆智慧服务模式涉及行业较多，离不开相关制度的规范，但我国公共图书馆智慧服务模式构建工作尚处于起步阶段，工作重点主要是夯实基础、创新服务等方面，暂没有设立统一标准，也没有建立起成熟完善的监管体系，在公共图书馆智慧服务模式的构建过程中，数据安全的问题、个人隐私泄露的问题、信息不对称的问题、智慧设备的健康安全问题等都有待解决。因此，如何增强数据使用主体的安全意识显得愈发重要；如何通过制定和完善相关标准及法律来规范、约束和引导主体行为，也显得愈发迫切。

在未来，相关部门和单位一方面要进行顶层设计，完善相关政策与法律；另一方面应通过岗前培训、持续学习、警醒教育等方式增强公共图书馆馆员的数据安全意识。此外，还应重视大数据监管，通过建设大数据监管平台实现全方位监管，以便及时发现违法违规行为，为公共图书馆智慧服务模式的构建保驾护航。

（六）人才队伍建设问题

构建公共图书馆智慧服务模式对公共图书馆提出了新的要求，公共图书馆不再只是单纯的藏书地，它还应为用户提供舒适、和谐的智慧空间和精准化、个性化的智慧服务等，而要实现这些目标，就要重视人才队伍建设问题。

当前，公共图书馆馆员存在一些问题，主要表现在以下几个方面：

一是观念较为保守，缺乏危机意识，更看重自身当前工作是否完成，而忽略了业务整体效率的提升问题。

二是学习新技术的热情不足，缺乏系统化的学习渠道。

三是创新服务意识有待增强，各部门墨守成规，不愿意打破部门界限。公共图书馆馆员应具备强烈的服务意识、创新意识和危机意识，应不断了解应用人工智能、大数据等技术，快速熟悉智能感知、知识服务等工具的使用方法，以便为读者提供精准化、情境化、智能化的高层次服务。

在构建公共图书馆智慧服务模式的过程中，应让公共图书馆馆员积极参与其中，以便更深刻地了解公共图书馆智慧服务的服务模式、系统架构、数据运行机制等，公共图书馆馆员只有积极参与建设流程，才能在后期的业务创新、服务创新、管理创新、运营维护等方面发挥出更大的作用。因此，在构建公共图书馆智慧服务模式时还应注重人才队伍建设，注重馆员的职业生涯规划建设，激励馆员不断学习，发挥馆员各自的特长、优势，以灵活的项目制工作模式提升团队竞争力，促进馆员之间的协作，并为馆员提供系统化的学习和培训机会，推广终身学习理念，让馆员主动学习、乐于学习。

（七）知识产权问题

在构建公共图书馆智慧服务模式时也存在着各种各样的知识产权问题，主要表现在以下几个方面：

①公共图书馆服务已从封闭型服务转向开放型服务，开放型的图书馆服务使得原本局限在图书馆特定范围内的著作权豁免权受到质疑。

②公共图书馆服务已由单个公共图书馆提供服务转向由公共图书馆联盟提供服务，公共图书馆联盟能在一定程度上实现资源共享，这丰富了公共图书馆的资源内容，但联盟主体之间知识产权责任的划分问题需要得到解决。

③公共图书馆服务打破了时空限制，读者可以随时随地享受公共图书馆

的服务，因此数字资源的版权问题、著作权豁免权问题都需要重新界定。

④公共图书馆服务方式的多样化、服务内容的多元化，如图书馆讲堂、知识推送等服务，可能带来知识产权问题等，这在一定程度上造成了渠道商、出版商和作者之间互不信任，而相关链条上的服务商会采取一定的限制手段来降低侵权损失。例如，针对数字资源盗版情况，一些出版商会采取数字资源晚1～2年发行或者通过开发自有资源格式来建立技术壁垒等措施，这些措施在一定程度上会影响公共图书馆的服务质量，它们与读者的利益诉求其实是相冲突的，因而不利于构建公共图书馆智慧服务模式。因此，要想更好地构建公共图书馆智慧服务模式，就需要解决因各种变化导致的知识产权问题。

第二节 公共图书馆智慧服务模式创新策略

公共图书馆服务的群体十分广泛，这些群体阅读需求的跨度也很大，因此公共图书馆应树立立体化服务理念，根据读者的需求，丰富自身的读者服务形式。当前，公共图书馆读者的学习需求和科普需求较为迫切，这已成为新时期读者的典型特征。为了满足读者的新需求，公共图书馆应充分发挥智能终端的服务优势和移动网络的技术优势，为读者提供即时化和碎片化的知识服务。

在创新公共图书馆智慧服务模式时，公共图书馆要转变传统的读者服务理念，积极提供线上阅读、下载等服务，同时要利用智能化设备（如智能机器人）为读者提供参考咨询等服务。读者体验是影响读者服务质量的又一重要因素，当前的公共图书馆读者服务应区别于以往单一、缺乏互动的服务形式，应利用虚拟现实技术、增强现实技术等为读者建设一个能够立体化、形象化展示图书馆资源的平台，并提供虚拟书架、图书定位等多项智慧服务。

一、提供相关保障，加强对外合作与交流

（一）提供相关保障

1.细化经费拨付条目，设立智慧服务专项经费

为确保公共图书馆智慧服务的持续有效运行，各级财政部门在编制年度经费预算时，应主动作为，增设专项预算项目，对公共图书馆智慧服务的各项费用进行详尽规划。这包括但不限于智慧服务所必需的硬件设施购置费、软件平台开发与维护费、日常运营费用以及后续的升级与更新费用等。如此不仅能够为公共图书馆的智慧化转型提供经费支撑，还能促进公共文化服务体系的智能化、高效化发展，以更好地满足人民群众日益增长的精神文化需求。

例如，东部地区的财政经费较为充足，在满足公共图书馆基本服务需求的情况下，应当将经费重点倾斜到智慧服务内容的建设上，如室温自动调控系统、一卡通系统、智慧门禁系统等，逐步使公共图书馆"越来越智慧"。西部地区的财政经费可能和东部地区相差较多，在保障智慧服务的内容方面可能会捉襟见肘，仅能满足基础的服务内容。对于西部地区的公共图书馆而言，拓宽资金的来源渠道是保证其开展基础服务和智慧服务的关键。除了政府的财政拨款外，还可以通过众筹、公益基金、赞助、社会捐赠的方式来募集资金，降低对政府拨款经费的依赖程度。

西部地区的公共图书馆除了积极争取政策支持外，也应建设特色的数据库资源。政府部门也应当主动帮扶，为西部地区的公共图书馆提供基础服务设施、人员、经费，添置相关智慧设备。

此外，我国西部地区公共图书馆的文化资源也比较丰富，西部地区的公共图书馆可以在国家政策扶持的基础上，利用这一优势来构建具有自己特色的

数据库资源。可以选择"抱团"的方式，和其他西部地区的公共图书馆形成联盟，共建数据库。在构建过程中统一规范、标准，真正实现数据库资源的共建共享。这样既可以节约成本，又可以避免资源浪费。在数据库构建完成后，还要注意及时对数据库进行更新、维护，使其紧跟时代潮流。

2.完善用户信息条目，确保用户个人信息安全

公共图书馆智慧服务是以人脸识别技术、RFID技术、大数据技术、定位技术等为支撑的，即依托这些新兴信息技术开展数据挖掘、资源整合、信息推送等智慧服务。在服务过程中需要获取肖像、姓名、性别、身份证号等用户个人信息。现在的《中华人民共和国公共图书馆法》在用户个人信息保护方面存在"保护义务主体失之过窄""侵权行为未全面列举""未对用人者责任作出规定"的问题。可从"根据对用户信息数据的实际控制来确定保护责任人""对侵权行为全面列举""对用人者责任作出规定"三方面，完善现有《中华人民共和国公共图书馆法》相关条目，避免公共图书馆智慧服务陷入侵犯用户个人隐私的纠纷中，在确保用户个人信息得到法律保护的同时，推动智慧服务的发展进程。

3.制定智慧服务标准，规范智慧技术应用服务

随着智能时代的到来，公共图书馆要不断改变服务方式、调整服务模式，逐渐引进智能设备，为用户提供更为优质、高效的服务。公共图书馆可运用物联网技术、云计算技术、大数据技术等搭建数据平台，提供智慧服务，为用户提供定制式、体验式服务。但目前，公共图书馆智慧服务尚处于"各自为政"的状态，各级公共图书馆开展智慧服务时涉及的技术应用与相关服务没有统一的标准，这不利于未来智慧时代图书馆全域资源的融合与对接。面对这一现状，制定智慧服务技术应用与服务标准成为当务之急。相关部门应牵头组织专家团队制定标准，指导公共图书馆智慧服务系统的研发、设计、应用和服务。

（二）加强对外合作与交流

以公共图书馆联盟为平台，以科研合作与业务协作为支撑，推动公共图书馆间的交流与协作，积极组织、参与地区性或全国性学术研究活动，推进业务合作项目的开发与深入开展；加强与高等院校图书馆、科研院所图书馆等各类型图书馆之间的资源共享与协同服务，建立资源互补、互利共赢的合作机制，加强国内行业之间的合作交流。

积极开展国际交流合作，拓展对外交流的深度与广度，扩大公共图书馆的影响力和交往范围，积极开展并参与有关国际组织和行业组织的活动，进一步建立与国外公共图书馆的友好关系。通过学者访问、业务培训等方式，学习借鉴国外先进图书馆的办馆理念、技术和手段。通过建立公共图书馆联盟、建设信息共享与服务平台等方式，推进与其他国家和地区有影响力的大馆之间的务实合作。

随着物联网、大数据、云计算等技术的发展，公共图书馆应充分利用这些新技术以及产品，为用户提供便捷的服务。当前，用户可以自助获取公共图书馆的服务，且在获取服务的时间和空间上受到的限制正在逐渐减少。公共图书馆应结合新技术为用户提供智慧服务，以满足用户不断增长的文化需求，实现公共图书馆的可持续发展。现代公共图书馆与传统公共图书馆相比已经发生了很大的变化，它不再只是用户阅读、学习的场所，也是用户进行社交、休闲、娱乐的地方。因此，应将其打造成城市的"第三空间"，为用户提供多元化的服务。目前，公共图书馆的智慧服务建设还有待加强，所提供的智慧服务也有待完善。面对新的机遇和挑战，公共图书馆应大力构建公共图书馆智慧服务模式。

公共图书馆可以加强与其他机构和平台的合作，实现资源共享，从而进一步提高服务质量，满足用户需求。这种合作模式不仅有助于拓宽公共图书馆的数字资源获取渠道，还能够丰富用户的阅读体验，实现公共图书馆智慧服务模式创新。

首先，与数字出版商的合作是公共图书馆拓宽数字资源获取渠道的重要途径。通过与各大数字出版商建立合作关系，公共图书馆可以获取更多的数字图书、期刊、报纸等资源，从而丰富馆藏内容，满足用户的多样化需求。数字出版商通常拥有丰富的数字资源库和专业的数字化技术，能够提供高质量的数字内容，并根据公共图书馆的需求提供定制化服务，从而使得公共图书馆在数字资源的管理上更加高效。

其次，与在线学术数据库的合作也是公共图书馆拓宽数字资源获取渠道的重要途径。在线学术数据库汇集了大量的学术期刊论文、学位论文等学术资源，覆盖很多学科，是进行学术研究和知识传播的重要平台。通过与这些在线学术数据库建立合作关系，公共图书馆可以向用户提供更加权威的学术资源，满足用户对于学术信息的需求，从而提高图书馆的学术服务水平。

最后，公共图书馆还可以与其他文化机构、教育机构、科研机构等建立合作关系，共享资源，共同推动文化、教育和科研事业的发展。例如，可以与博物馆合作举办展览活动，丰富图书馆的文化活动内容；可以与学校合作开展教育培训项目，增强图书馆的教育功能；可以与科研机构合作开展学术研讨会，提高图书馆的学术影响力等。这些合作举措不仅有助于共享资源，还能够促进各方资源的优势互补，从而实现资源共享、合作共赢。

公共图书馆还可以利用 5G 技术加强与社区的互动，推动社区资源的共建共享，促进文化交流。这一举措不仅能够提升公共图书馆的影响力，还可以提高社区居民的文化素养，实现社会共享发展成果的目标。公共图书馆可以通过举办线上线下的文化活动来加强与社区的互动。通过 5G 网络直播互动的方式，公共图书馆可以将各种文化知识讲座带到社区居民身边，居民无须前往图书馆即可参与。例如，公共图书馆可以举办线上文学分享会、艺术展览、历史讲座等活动，吸引更多社区居民参与，加强社区居民的交流。

此外，公共图书馆还可利用 5G 技术举办一些特色活动，吸引更多社区居民参与到公共图书馆的活动中来。例如，可以利用虚拟现实技术举办数字展览，展示文化遗产和地方特色；可以利用增强现实技术设计互动游戏，增加活动的趣味性；还可以利用人工智能技术打造个性化推荐系统，为居民提供更加个性化的服务体验。这些特色活动不仅能够吸引更多社区居民参与，还能够增强公共图书馆的影响力，推动社区文化建设。

二、建立智慧服务体系，推动数字化资源建设

（一）建立智慧服务体系

1. 以各省域联盟为基础，筑好全国智慧服务体系根基

馆藏资源、智能设备、智慧馆员是各级公共图书馆开展智慧服务的基本保障，各省级公共图书馆因其服务地域、服务人口及行政级别的天然属性，具有优于其他基层公共图书馆的资金、资源和人力优势。建立各省域公共图书馆联盟，将省域内各市、区、县级公共图书馆设为智慧服务体系的节点，让各级公共图书馆通过联盟体系建设共享省级公共图书馆的现有资源，可以缩小省域内联盟成员的资源差距，尽量达到各省域内智慧服务资源配置的平衡，同时将各级公共图书馆特色资源通过联盟平台进行分享，做到互通有无、优势互补，从而做好公共图书馆智慧服务体系根基建设工作。

2. 以跨区域联盟为框架，完善全国智慧服务体系结构

各公共图书馆应按照《中共中央关于制定国民经济和社会发展第十四个五年规划和二〇三五年远景目标的建议》的要求谋篇布局。公共图书馆应搭建以各级公共图书馆为节点、以省域联盟为基础、以跨区域联盟为框架，由点到面的交互式智慧服务体系。

公共图书馆工作人员应认真谋划、制定智慧服务体系建设的近期、中期及长期目标，指导其成员馆融合和使用新一代智能技术，开展智慧知识生产，实现图书馆资源智能管理，以满足多元化、个性化、智能化、智慧化、绿色化等知识服务需求。例如，湖南、湖北、江西、安徽、山西、河南六省公共图书馆

于 2020 年成立中部六省（湘鄂赣皖晋豫）公共图书馆联盟。该联盟主要在协调文献采购、编制联合书目、共同开发文献、加强古籍保护和资源共享、交流办馆经验、建设数字资源、培养专业人员、开展研讨活动等方面开展合作。

3.以全国性联盟为链接，打造全国智慧服务体系架构

党的十九大报告提出建设"智慧社会"的要求，党的二十大报告提出建设"智慧城市"的要求。公共图书馆应紧紧抓住历史机遇，打造以用户为中心、提供全时空智慧化服务的智慧图书馆。具体来说，各公共图书馆应从社会全局出发，进行城乡一体、"四化"同步的智慧化发展顶层设计，为国家发展、社会进步、科技创新以及个人终身学习和全面发展提供智慧化知识信息服务。

例如，中国国家图书馆提出的全国智慧图书馆体系建设思路，推动了全国图书馆空间、资源、服务、管理的全面智慧化升级，使图书馆事业更好地服务于国家创新发展和公众学习阅读。打造以各省域图书馆联盟为根基、以跨区域图书馆联盟为框架、以全国性公共图书馆联盟为链接的智慧服务体系，形成国家级知识仓储，逐步构建图书馆智慧服务体系，应成为各级公共图书馆的重点目标。

大多数公共图书馆的常规服务途径是门户网站信息检索和馆内人工服务，形式单一、内容僵化，不具备交互式信息检索能力。在网络时代，用户信息需求质量提升，且随着机器人技术的快速发展，精准服务成为可能。公共图书馆单一的文献信息服务模式，被声频、视频等多媒体服务体验取代，移动互联网技术打破了用户信息获取的空间、时间限制，以智能手机为代表的智能终端实现了信息的全方位、全天候获取。

再如，RSS 技术和情景感知技术在公共图书馆领域的应用取得了突破，可以实现用户信息需求的精准识别和智能预估，帮助公共图书馆提供具有针对性的主动服务。公共图书馆也应重视信息点的整合与数据的智能重构，公共图书馆应保证自身的服务符合用户行为习惯和心理预期，形成以智能服务展示和智能信息推送为主要内容的智慧服务体系。

（二）推动数字化资源建设

公共图书馆应当加大对数字化资源的建设力度，以应对用户不断增长的多样化阅读需求，提高图书馆的信息服务水平。公共图书馆应加大对数字图书馆的建设力度。数字图书馆作为公共图书馆的重要组成部分，是数字化资源的集中展示和管理平台。公共图书馆可以通过建设数字图书馆，将纸质书籍、电子书籍、期刊文献等资源数字化，实现统一的检索和浏览，为用户提供便捷的阅读服务。

公共图书馆还可以结合人工智能技术，推出个性化推荐系统，根据用户的阅读习惯和兴趣推荐相关资源，提升用户体验。在此基础上，公共图书馆还应加大对电子书籍采购的投入力度。电子书籍具有数量庞大、可随时随地访问等优点，可以为用户提供更为便捷、灵活的阅读体验，而随着数字化技术的发展，越来越多的书籍会以电子形式出版、传播。

公共图书馆可以采购电子书籍，丰富馆藏资源，满足用户对不同类型、不同领域书籍的阅读需求。值得注意的是，公共图书馆还应加大对在线期刊订阅的支持力度。在线期刊具有更新快速、内容丰富、检索便捷等特点，可以为用户提供高质量的学术资源和信息服务。随着科技的不断进步，越来越多的学术期刊和专业杂志以数字化的形式出版发行。公共图书馆可以通过订阅在线期刊，为用户提供及时、全面的学术资讯，满足用户的学术研究需求。

与此同时，智能化资源管理也为公共图书馆的读者服务带来了极大的便利。借助 5G 网络和智能终端设备，读者可以随时随地查询公共图书馆的藏书借阅信息，不需要再排长队等待服务。当读者需要借阅某本书时，只需要通过智能手机或平板电脑搜索，系统便会自动指引读者到该图书所在的位置，从而大幅缩短了找书的时间，提高了借阅效率。而且，智能化资源管理还为公共图书馆提供了更多元化的服务形式，如自助借还书机、智能导览系统等，使读者获得更好的阅读体验。

三、健全相关长效机制，打造智慧空间

（一）健全相关长效机制

面对深度均等化的发展目标和万物互联化的发展机遇，公共图书馆智慧服务内容、模式也要随之不断调整。公共图书馆馆员应积极学习智慧服务方面的技术，加深对新资源、新空间、新载体、新活动、新环境的认知。

1.建立人才引进机制，为智慧服务注入动力

公共图书馆智慧服务的开展需要馆员具备大数据、云计算、物联网、区块链等新兴信息技术的应用能力；具备信息搜集、数据挖掘、思维分析等能力；具备新媒体平台应用能力；具备活动宣传推广营销能力；具备熟练的智能设备操作能力；具备智慧项目自主研发能力。因此，公共图书馆应建立专业人才引进机制，根据公共图书馆业务需求向人事部门申请引入专业人才。在引入专业人才前应制定详细的引进政策，打破常规招聘制度的限制，综合考虑所需人才的层次、结构等。同时，应针对不同领域、不同层次的人才制定差异化、个性化的用人、留人政策。通过柔性、灵活的个性化用人模式，让人才的价值得以充分实现。

2.建立 O2O 培训机制，为智慧服务赋能增效

公共图书馆在引进人才的同时，应重视对现有馆员潜能的挖掘。公共图书馆现有馆员一般熟悉馆藏资源、了解业务流程、拥有实践经验，是开展智慧服务需要依靠的重要人力资源。公共图书馆应建立馆员长效培训机制，从现实需要和长远发展的角度出发，加强对馆员的业务培训，提升馆员的综合素养。公共图书馆应根据业务需要建立线上线下相结合的 O2O 培训机制。

首先，要了解馆员培训需求，做好培训调研工作；其次，要有针对性地设计培训方案、有目的地设计培训课程、有选择性地邀请培训专家，借鉴他馆的培训经验，同时要注重入职匹配、重点突出、内外兼修；最后，要善于运用网

上在线教育资源进行培训,利用在线课堂、远程教学等载体和平台,采用差异化、个性化的培训形式,变被动学习为主动学习、互动学习,从而最大限度地提高培训的效果。

3.建立评估激励机制,为智慧服务提供保障

资源、技术、馆员、用户构成了公共图书馆智慧服务的基本要素。其中,馆员作为服务实施者,是核心要素。公共图书馆提供智慧服务需要高质量的智慧馆员队伍,因此智慧馆员队伍的稳定性至关重要。为确保智慧馆员队伍的稳定性,从而使其为智慧服务提供可持续发展动力,公共图书馆应建立智慧馆员评估激励机制。

第一,公共图书馆应确定智慧馆员评估指标,将智慧服务相关内容及参加培训内容、学时等纳入馆员评估体系,以季度为基础评估考核期,以年度为综合评估考核期,根据评估指标对公共图书馆馆员的交流能力、服务能力、胜任能力进行测评。

第二,应建立激励机制,将公共图书馆馆员的评估考核成绩与馆员岗位选择、学习交流、绩效奖励、职级晋升等个人成长机遇挂钩。建立完善的评估激励机制有助于馆员及时发现自身的不足,增强馆员的危机意识,进行有针对性的强化培养,从而为公共图书馆智慧服务提供丰富的人才储备。

(二)打造智慧空间

当前,公共图书馆的服务方式及服务模式相较于传统的公共图书馆已经发生了很大的变化,它能使用户之间实现最广泛的互联与信息共享。公共图书馆应以人为本,积极创新智慧化服务模式,为读者营造一个自由、互助、可参与性强的文化信息共享空间和创意空间。

公共图书馆应不断探索智慧化服务空间的再造,为专业人员和普通读者打造主题服务知识平台和体验专业技术的空间。对接智慧城市建设和智慧生活服务,加强智能感知和泛在服务环境建设,实施公共图书馆空间连接再造。

公共图书馆应提供面向各层次用户群体的文化科技融合体验服务，如工具提供、新技术展示、全媒体阅读体验、创新空间开设、信息素养培训等；完善和提炼"创新空间"等空间再造新模式，为读者和用户提供更多不同主题、低成本、便利化、全要素、开放式的"众创空间"，激发读者的创新意识；强化与社会其他众创空间的合作交流，联合举办创意展览、创意课堂等，搭建形式丰富的展示平台；服务所有创客，为其提供有价值的信息、情报和知识服务，打造创新创业服务平台。

公共图书馆应推进智慧空间建设工作，为智慧服务提供多元平台。公共图书馆应以人为本，积极构建智慧服务模式。公共图书馆应与书店、出版社、咖啡店等进行跨界合作，从而拓展传统物理服务空间；依托新媒体技术，打造云端平台；运用5G网络和VR技术，打造一个集学术空间、创新空间、社交空间、休闲阅读空间、文化体验空间于一体的虚拟服务平台，全面满足用户多元化的文化与服务需求，为用户提供更加专业化、智慧化的阅读服务。

1.跨界合作融合发展，拓展物理服务空间

2015年，国务院印发《关于积极推进"互联网＋"行动的指导意见》，之后，关于公共图书馆跨界合作的研究与实践日益增多。公共图书馆可与书店、地铁、咖啡店、银行等其他城市公共空间进行跨界合作，借助实体书店提供的丰富资源、咖啡店提供的优雅人文环境、地铁提供的移动空间及银行提供的公共服务空间，将公共图书馆的智慧服务融入市民的衣食住行中，让空间距离不再成为人们获取文化知识的障碍。这一理念在改变公共图书馆仅依靠单一线下实体馆舍开展服务的传统模式的同时，使公共图书馆的物理服务空间通过"图书馆＋N"的形式得到拓展。

例如，中国国家图书馆与京港地铁共同推出的"M地铁·图书馆"、青番茄公司的"IN LIBRARY"咖啡图书馆等，都是公共图书馆与不同领域企业相互融合发展、拓展公共图书馆物理服务空间、共同服务社会大众的成功案例。

2.依托新媒体，打造云端服务平台

随着移动互联网、云计算、物联网、大数据等技术的广泛应用，传统公共

图书馆的物理空间已不能满足用户多样化的需求。公共图书馆应从用户需求出发，依托微信、微博、抖音、快手、小红书等新媒体平台，整合公共图书馆数字资源，加强虚拟空间建设工作，为用户打造云端服务平台。

例如，一些公共图书馆通过微信、抖音等新媒体平台提供虚拟空间服务，为广大人民群众提供公共文化服务。上海图书馆微信平台推文的阅读量屡次超过10万，微博粉丝超过20万，抖音点击量更是达到上千万。试想，若实体图书馆有上千万的访问量，其日常运营将面临巨大压力。然而，在云端平台，这一服务量却能以较低的成本实现。这一对比鲜明地展示了新媒体平台在构建云端服务平台方面的独特优势，预示着依托新媒体技术打造云端服务平台将成为未来公共图书馆智慧服务的重要发展方向。

3.搭载5G网络和VR技术，构建虚拟服务平台

5G网络技术对创新公共图书馆服务业态、拓宽社会力量参与渠道、提升图书馆服务效能具有重要的推动作用。5G网络技术可以打破时空限制，让用户通过VR应用系统进入虚拟世界。VR技术能以计算机虚拟仿真的形式对现实世界中难以呈现的情境进行三维仿真模拟，从而使人的视觉和心理在虚拟世界和真实世界间进行转换。公共图书馆可组建基于VR技术的数字资源库，重建图书馆资源体系，采用虚拟现实技术建模语言实现三维虚拟场景，实现文字、图像资源的三维转化，实现"人""物"交互。这种跨终端、多场景、高效的融合服务，能为用户构建全方位、立体式、体验式、沉浸式的虚拟服务空间。

四、践行公平理念，消除服务盲区

（一）践行公平理念

近年来，我国各地公共图书馆都在开展全民阅读推广活动，然而服务的对

象中很少有外来务工者、失业者等群体。正如前文所述，公共图书馆应当按照平等、开放、共享的要求向社会公众提供服务。服务对象除了普通大众，也应当照顾到社会的特殊群体，如盲人读者、听障读者、服刑人员、务工人员和失业群体等。

据相关调查，各区域的公共图书馆均能满足普通读者的阅读需求，然而涉及社会弱势群体时，尤其是服刑人员、外来务工人员，一些公共图书馆并没有考虑到这类群体的阅读需求。即使有，也只是开展临时性的活动，并没有形成长效的服务机制。针对社会弱势群体，公共图书馆可以发放有期限的免费借阅卡，免费为其提供一些电子资源设备，免费教其使用，通过手把手、面对面的指导，使其熟悉公共图书馆的各类服务。此外，公共图书馆还可与社会公益团体加强合作，共同为这些群体提供有针对性的服务。

（二）消除服务盲区

《中华人民共和国公共图书馆法》规定，公共图书馆应当妥善保护读者的个人信息、借阅信息以及其他可能涉及读者隐私的信息，不得出售或者以其他方式非法向他人提供。各公共图书馆应当以此为指导，并结合自身的实际情况来制定读者隐私保护条款。

公共图书馆制定的条款语言应当精练、准确，内容应当全面。例如，江西省图书馆的网站声明，就针对所收集用户信息的类型、用途，cookies 的使用，免责条款等均有详细的规定。有条件的公共图书馆还可以设置专职人员负责用户隐私的保护工作，并提供专职人员的联系方式，使用户在遇到问题时可直接联系负责人。这样，读者才会更加放心地将个人信息提供给公共图书馆，公共图书馆才可以利用这些信息开展智慧服务。

公共图书馆展开服务评价和接收用户反馈是提升服务质量和完善自身服务体系的重要途径之一。读者进行评价反馈的渠道越多，越有助于公共图书馆反思自己的服务工作，从而决定未来工作的发展方向和重心。相关调查结果显示，当前，公共图书馆主要通过微博和微信两大社交媒体平台接收用户的评价反馈。然而，尽管微信公众号提供了与用户沟通的渠道，但其交互性能相对有限。相比之下，微博虽然具备一定的交互功能，但微博账号的粉丝与公共图书馆服务所面向的广泛大众相比，仍显得较为小众，所得到反馈的代表性可能不足。因此，在智慧环境下，公共图书馆急需开辟其他能直接与大众交流的渠道，倾听用户的反馈意见。

在大数据时代，人们在获得海量数据的同时，也可能获得大量的无用信息，如何快速、准确检索所需信息是亟待解决的问题。公共图书馆同时拥有纸质媒介信息和电子数据信息，信息量的增长加大了用户的检索难度。对公共图书馆用户数据需求的智能预测技术应运而生，如前文提到的 RFID 技术、GIS 技术等，都能用于分析用户的检索习惯。公共图书馆可依据性别、职业、年龄、文化程度等要素对用户进行差异化分类，搭建用户信息使用习惯和需求预测分析模型，充分发挥大数据技术的优势，为用户提供定制化的精准的信息服务。

公共图书馆应积极探索大数据技术与公共图书馆智慧服务的多种结合方式。此外，公共图书馆还应重视空间结构布局、馆藏资料整合与分配完善、活动策划等工作，并以此为基础开发定制化配套工具。各公共图书馆应立足于自身实际，明确自身定位，更好地为读者群体服务。

五、培养智慧馆员，加强智慧管理

（一）培养智慧馆员

智慧馆员是公共图书馆智慧化建设中不可缺少的组成部分，是创新公共图书馆智慧服务模式的重要内容。

在新时代背景下，公共图书馆馆员面临着更大的挑战，在为用户提供智慧服务时，要利用技术设备了解用户的真正需求以及需求特点，通过大数据分析用户的阅读兴趣、行为、潜在需求等，以用户为中心，为用户提供个性化的服务。这对馆员的素质提出了更高的要求，馆员既要对新技术、新设备有一定的了解，也要帮助用户获取、整合知识。在这种情况下，公共图书馆应该加强馆员队伍建设，培养智慧馆员，为提供智慧服务打好基础。

公共图书馆应不断提高馆员的专业能力，编制明确的培养计划，开展跨学科交流活动，为馆员提供良好的成长环境；帮助馆员学习相关知识，如管理学、心理学、物联网、大数据、云计算技术、数据挖掘、人工智能等方面的知识。公共图书馆还可与高校、社会机构以及其他公共图书馆开展合作，为馆员搭建交流学习的平台。

公共图书馆还应培养馆员的创新意识，提高馆员的创新能力。公共图书馆要引导馆员主动学习新知识、新技术，促使他们不断提升自己的水平，从而为用户提供更好的服务。公共图书馆要大力支持馆员的创新活动，为馆员营造创新的大环境；应加大对创新思维的宣传力度，鼓励馆员进行创新，并建立创新人才激励制度。

（二）加强智慧管理

公共图书馆的管理应当高度重视协作、合作以及用户参与，这涵盖了一系列策略，如增强管理系统的透明度，积极吸纳用户参与决策流程，不断优化和创新管理程序，实时追踪并分析图书馆资源的使用情况，从而显著提升图书馆决策的科学性与有效性。在此过程中，公共图书馆的用户应被视为关键的利益相关者，他们的声音和意见应被纳入图书馆管理的各个环节。

智慧管理模式的引入，正是基于公共图书馆馆员与用户之间集体智慧的融合。集体智慧的核心在于，通过团队成员间的紧密沟通与协作，汇聚成超越个体能力的智慧力量。这种力量不仅降低了单一个体在执行任务或作出决策时可能出现的失误风险，还通过增加参与者的数量，使得图书馆能够应对更为复杂多变的挑战，完成那些单凭个人难以完成的任务。

通过实施智慧管理，公共图书馆能够显著提升服务效率，为文化传承与教育事业作出更大贡献。同时，实施智慧管理也极大地改善了用户获取知识信息和社会服务的途径与体验，让图书馆成为连接知识、促进交流、激发创新的重要平台。

公共图书馆还应加强对设施设备和技术平台的智慧化管理，建立较为完善的信息安全管理机制，全面推进信息服务系统的建设和应用，提升业务管理自动化水平和馆务信息化水平，致力于传统业务自动化管理系统和数字图书馆管理系统的互联互通，实现公共图书馆业务和服务全流程的数字化、网络化管理。

六、强化科技驱动，拓展智慧服务内容

（一）强化科技驱动

1.推动图书馆云平台建设，提高信息化服务水平

公共图书馆应建设云服务平台，实现资源服务一体化、建设标准化、服务网络化；建设基于云存储、云服务和大数据的技术平台，提升信息设施管理水平，实现对各类型海量数据的有效管理、存储、分析和利用；建设业务统计平台，提升系统平台的运行性能和访问速度，为各项业务工作提供强有力的技术保障；利用大数据、云计算、物联网等新技术，推进一体化网络建设，根据用户需求加强数字资源的联合建设，提高数字资源服务能力。

2.注重研究新技术，创新服务内容

得益于现代信息技术的快速发展，公共图书馆可利用新技术实施创新驱动发展战略，在科技的驱动下创新智慧服务内容。公共图书馆应将科技创新与公共文化服务有效结合起来，提升整体服务水平；大力推进对大数据技术、云

计算技术、移动互联网技术、物联网技术的研究，为公共图书馆转变服务模式、创新服务内容、满足人民群众个性化的需求提供技术支撑。

公共图书馆可利用数据关联、聚类分析等进行交叉研究，预测公众阅读热点；重视大数据技术在公共文化服务体系中的应用，对读者多元化的阅读需求进行动态分析；完善网络体系等基础设施建设，通过RFID技术实现对文献的智能化管理，将先进技术、新兴媒体与公共图书馆智慧服务结合起来，实现服务模式创新；为用户提供个性化、泛在化的服务，加强公共图书馆与用户之间的互动；实现用户服务的智慧化，打造既能传承文化又符合人们多样化需求的智慧型图书馆。

3.加强信息安全保障系统建设

公共图书馆应该加大对数据安全的保护力度，并完善信息安全风险评估机制，建设信息安全监控体系；积极应对网络安全事件并进行事前防范，减少有害信息的流传；建立和完善信息安全应急指挥制度和安全通报制度，不断完善信息安全应急处置预案；加强信息基础设施建设，提高重要信息系统的抗毁能力和灾难恢复能力；加大对信息安全保障工作的资金投入，加强对网络信息的审查和管理，减少不良信息的传播，确保公共图书馆信息资源和服务是绿色的、安全的。

（二）拓展智慧服务内容

1.延伸服务范围

公共图书馆应积极拓展服务领域，延伸服务范围，探索适合自己的服务模式；利用互联网等新技术，扩大图书馆服务的辐射面，提升影响力，延伸公共图书馆智慧服务的范围；加强24小时自助图书馆建设，以读者需求为导向，提供人性化、个性化的服务，进一步提高服务水平和服务效能。

公共图书馆应加强流动服务建设，建设流动图书馆，扩大流动服务覆盖范围，借助公交车、出租车、轨道交通等城市公共设施网络拓展公共图书馆智慧服务形式，提供可阅读、可触摸、可交流的立体阅读；加强分馆和服务点建设，提高分馆和服务点的建设水平，丰富分馆和服务点的资源类型和服务方式；提高智慧服务水平，建立起纸质资源与数字资源相结合、传统借阅服务与新型服务相结合的智慧服务模式。

公共图书馆还应加大对社区图书馆的支持力度，建设流通网点，实现对分馆和服务点服务项目的量化考核；建立健全馆外图书流通体系，不断扩大服务半径，积极开展图书馆服务进机关、进企业、进社区、进学校、进军营等活动，根据具体情况，提供面向不同群体的、有针对性的智慧服务；组织形式多样的图书"漂流"活动，让图书走进社区、商场，进入市民家庭、咖啡店、广场、公园等。

2.深化服务层次

公共图书馆应完善读者自助服务，进一步提高自动化服务水平；积极运用物联网、大数据技术，以云平台为支撑，实现各类新媒体系统的集成，提供深层次的智慧化服务；聚焦各领域关键技术的应用示范，推进移动自助和自带设备的全域服务。

公共图书馆还应深层次地整合文献信息资源，使馆藏信息资源从文献层转向内容层和关系层，建立基于内容的立体化、多元化知识网络，全面提高专题知识服务能力；利用大数据技术，实时开展信息采集、抽取、挖掘及处理活动，为各类信息服务系统提供数据输入服务，提高信息服务的层次；加强对馆藏文献资源的利用，注重对用户行为数据的挖掘与分析，以信息社群为单位，提供差异化、个性化、多元化的服务，以满足不同层次用户的多样化需求。

第三节　公共图书馆智慧服务模式创新——有声阅读推广

在移动互联网技术日益成熟的今天，有声阅读已经成为一种备受人们喜爱的新型阅读方式。

一、有声阅读的发展

随着移动互联网技术的发展，以及智能手机的日益普及，移动听书、有声阅读日渐崛起，成为一种愈发流行的阅读方式。声音和阅读自古以来就有着紧密的联系。在我国，评书可以说是有声阅读的雏形。在移动互联网及智能手机高度普及的今天，全媒体时代来临，各种类型的"互联网＋"产业如雨后春笋般出现，有声阅读便是其中之一。不少企业纷纷抢占市场，涌现了一批有声阅读 App 和移动电台，如懒人听书、喜马拉雅 FM 等。

综合当今有声读物的发展现状，可以把有声读物定义为：以磁带、光盘、移动数字终端等为载体，以文字内容为主体，支持下载、在线等多种形式播放的录音制品。而用户使用、收听有声读物的行为就是有声阅读，即听书。有声阅读的演变过程主要以载体形式的变化为特征。

听书作为一种阅读的形态，随着移动互联网的迅速崛起，从满足特定的视力障碍、阅读障碍人群需求的小众阅读形式，逐渐发展为全民阅读的形式之一。相较于传统实体有声读物，新型有声读物利用了数字技术，载体形式趋向多样化，种类和内容也更多元化。有声读物作为一种新兴产业，既迎合了数字时代读者的消费需求，也成为传统出版向数字出版转型过程中开拓市场的新途径，同时也是我国文化产业转型升级的实验性样本。

相较于传统纸质书以及普通电子书,有声读物拥有如下几个优点:

第一,有声读物打破了时间和空间的限制,能帮助人们利用好碎片化时间。随着经济的发展,人们的生活节奏加快,不少人想读书却没有完整的时间。有声阅读可以帮助人们把碎片化的时间利用起来。第二,有声读物提供了更好的阅读体验。相比枯燥的文字阅读,有声读物常常配上了背景音乐以及播讲者的演绎,能让读者获得更新奇的体验。第三,有声读物能缓解人们的健康问题。在数字时代,人们在工作、学习时都要面对电脑和手机,出现了不少"低头族",这些工具在带来好处的同时也带来了近视、颈椎病和拇指腱鞘炎等健康问题。有声阅读解放了人们的双眼和双手,更有利于身体健康。第四,有声读物能满足特殊群体,如低龄儿童、低文化程度读者或有视觉障碍的读者等的需求。

因此,公共图书馆推广有声阅读具有重要意义。首先,有助于公共图书馆顺应时代技术发展潮流,丰富自身的馆藏资源。作为数字资源的一种,有声读物让读者多了一种选择。其次,有助于公共图书馆承担社会公益责任。在经济上,相较于一些收费 App,公共图书馆提供的服务具有公益性。公共图书馆应当在确保版权合法的前提下免费为读者提供有声读物,满足人民群众日益增长的文化需要。最后,在受众的广度上,要能更好地满足特殊读者群体的需求。低龄儿童、低文化程度读者或有视觉障碍的读者,可在公共图书馆工作人员的帮助下获得有声阅读服务;公共图书馆甚至可以制作专门针对这类读者的有声读物,这也符合公共图书馆对所有人开放的特点。

二、有声阅读在公共图书馆的推广

(一)推广形式

1.自媒体平台——以静安区图书馆微信公众号为例

有声读物可以通过各大公共图书馆的网站、App、微博和微信公众号等自媒体平台传播。在不同平台上，还可适当调整内容风格，使其符合平台特点。微信公众号平台作为公共图书馆的重要阅读推广手段和服务形式，逐渐引起了各大公共图书馆的重视。以静安区图书馆微信公众号为例，有声读物在这一平台上目前可分为两大类：

一是与相关企业合作，由其直接提供相关内容。在该公众号内，打开"云悦读"中的"数字资源"，便可看见各类有声读物，从科幻文学到儿童故事，从文学名著到英语听力，多种多样，读者只要关注该公众号就能很方便地获取相关有声读物。但限于版权等各方面的问题，目前这类读物的数量和种类还不是很丰富。

二是利用好核心读者群，以静安图书馆的白领朗诵沙龙为代表。静安白领朗诵沙龙成立于2015年。这个由静安区图书馆、上海市作家协会诗歌专业委员会、静安区读书协会联合打造的朗诵团体，邀请到了赵丽宏、张烨、曹雷等文化界人士担任顾问。如此强大的专家团队，也成了白领朗诵沙龙的最大亮点。专家团队中有诗人、作家，也有朗诵家、配音艺术家。多年来，律师、工程师、外企职员、公务员等各行各业爱朗诵、爱阅读的白领青年，通过每月一聚、四季诗会等丰富多样的活动，搭建了以文会友、用心交流的平台。

自2017年起，静安区图书馆与上海领声文化传媒有限公司合作，开展名家作品朗读会、朗诵专业培训等丰富多样的活动，并邀请静安白领朗诵沙龙会员走进录音棚，录制文学作品朗读声频，以此打造高品质的阅读推广项目。所有的活动信息、朗读声频等都通过微信公众号进行定期推送。

2.社区互动平台——以阿基米德FM上海图书馆社区为例

通过移动社区互动平台，可把拥有相同兴趣爱好的读者聚合起来，让大家实时分享、互动和交流，有声阅读推广当然也可使用这种方式。其中，上海图书馆和阿基米德FM的合作便是一例。

阿基米德FM是一个能够提供服务的移动社交声频平台，使用它可以有效地扩展单一的声频传输方式，同时可以聚集听众，增强听众之间的互动性，其互动体验感要好过微信和微博。用户不仅可以通过阿基米德FM实现直播收听与回听，还可以随时与主持人在线互动，发现身边有共同爱好和话题的朋友，用户活跃度超出预想。

2017年，上海图书馆与阿基米德FM强强联手，成立了阿基米德FM上海图书馆社区，致力于打造上海地区优质内容型平台，其所发布的内容包括馆员录的推荐书的语音、馆员朗读的电子书等。

此外，阿基米德FM上海图书馆社区还举办了"和孩子一起大声朗读""沪语绕口令"等有奖活动，大大增强了平台的趣味性和互动性。

（二）推广策略

随着移动互联网的发展，内容为王的理念逐渐引起了人们的重视。具体到有声阅读在公共图书馆的推广也是如此。如果说在推广形式上需要利用好各类技术平台的话，那么在有声读物的推广内容上，公共图书馆应做到以下几点：

1.持续深化合作，"拿来"丰富资源

有声读物的内容建设，首先离不开"拿来主义"。上文提到，在静安区图书馆微信公众号内，已有"数字资源"这样与相关企业合作，由企业直接提供的内容资源。但目前大多公共数图书馆的相关内容无论在数量还是质量上都有进一步提升的空间，特别是在质量上，精品内容通常为稀缺资源。

今后，公共图书馆应采取双管齐下的策略来优化有声读物资源：一方面，公共图书馆应不断深化与相关企业的合作，共同开发更加多元且丰富的有声读物资源。诚然，商业机构在内容创作上可能受限于其盈利目标，存在一定的局限性，但这并不妨碍双方合作探索更多可能性。另一方面，图书馆内部应设立专门岗位，负责有声读物的精品化资源建设。

在内容选择的具体执行上，公共图书馆应充分利用大数据技术，对目标受众进行精细化分析，依据其年龄、性别、文化程度等维度，选择符合不同读者群体需求的有声内容资源。同时，图书馆应保持开放而审慎的态度，既要大胆

"拿来"外部的优秀资源,丰富馆藏;又要细心筛选,确保每一份资源都符合高质量、高标准的要求,为读者提供良好的阅读体验。

2.自主制作原创内容,路漫漫其修远兮

当然,只有"拿来"的内容资源还远远不够。公共图书馆自主制作有声读物,既进一步丰富了资源的种类,满足了不同读者的需求,又有利于打造自主品牌,增强读者黏性。公共图书馆可以从以下三方面入手,获得自主原创内容:

(1)馆员

如今的公共图书馆馆员大多具有本科以上学历,高学历人才是宝贵资源,在制作有声读物方面可以加以利用。上文提到的阿基米德 FM 上海图书馆社区,就有馆员语音荐书、馆员朗读等内容。公共图书馆可以举办一些类似"馆员好声音"大赛,出台一些激励政策,鼓励符合条件的馆员参与有声资源的录制建设工作。特别是针对馆藏的一些特色资源,包括古籍、地方文献等,可由相关专业背景的馆员将其转化成有声资源,让这些内容"活"起来。

(2)读者及志愿者

广大读者如今已不满足于单向地接收资源,而是愿意参与到资源的生产、传播过程中来。公共图书馆有大量的志愿者,其工作内容目前也是以上架、排架为主,如果他们有意愿、有能力发挥更大的作用,对公共图书馆也是一件好事。例如,静安区图书馆微信公众号的"经典品读"栏目,就是利用了静安白领朗诵沙龙这样的社会人才资源,辅以企业的专业指导,从而制作出了优质的原创有声内容。

(3)专家

如果说特邀专家录制有声读物,在成本和可操作性上有一定难度的话,还有一条"捷径"可以走。不少公共图书馆每年都会邀请专家来馆举办讲座,有些甚至已经形成了特色品牌栏目。然而,办讲座时能够到场的人数总是有限的。这些讲座嘉宾大多具有专业的学术背景,在征得专家许可的情况下,可将其讲座开发制作成有声资源,在公共图书馆的各大网络平台上发布,这样既能提升有声内容的数量和质量,又弥补了不能到场读者的遗憾,可谓一举两得。

总之，公共图书馆应主动拥抱各大技术平台，充分利用其优势资源，并坚守"内容为王"的核心原则，致力于开发更多高质量、适应移动互联网时代需求的有声读物。这些读物应涵盖广泛的知识领域，满足不同年龄层、不同兴趣偏好的读者需求，以丰富多样的形式激发全民阅读的热情。

参 考 文 献

[1] 常春秀.新时代公共图书馆阅读推广发展研究[M].北京:国际文化出版公司,2023.

[2] 陈燕琳.公共图书馆智慧资源建设与服务模式研究[J].河南图书馆学刊,2022,42(10):50-52.

[3] 程显静.图书馆建设与发展研究[M].北京:华龄出版社,2018.

[4] 敦文杰.图书馆互联网电视文化服务与实践[M].北京:朝华出版社,2022.

[5] 冯帆.智慧化视角下的公共图书馆知识服务模式[J].文化产业,2024(9):88-90.

[6] 冯志会.公共图书馆智慧资源建设与服务模式研究[J].科技资讯,2023,21(13):223-226.

[7] 付超.公共图书馆智慧化空间服务模式研究[J].图书馆界,2021(6):59-62.

[8] 高伟.图书馆建设与阅读服务管理[M].长春:吉林人民出版社,2021.

[9] 李静霞.武汉图书馆[M].天津:天津大学出版社,2017.

[10] 李莎,张玲,赵磊.信息生态视角下公共图书馆智慧服务模式创新及路径优化研究:以杭州图书馆为例[J].文存阅刊,2023(10):151-153.

[11] 李晓东.公共图书馆智慧服务模式解析与展望[J].河南图书馆学刊,2014,34(10):2-4.

[12] 刘鹏强.智慧图书馆建设视域下的阅读推广研究[M].沈阳:辽宁大学出版社,2023.

[13] 潘雪,陈雅.泛在网络环境下我国公共图书馆智慧服务模式探究[J].情报科学,2018,36(5):30-34.

[14] 裴珑,王建涛,耿宁.智慧图书馆公共文化服务模式构建的创新策略[J].科技资讯,2024,22(3):183-185.

[15] 宋菲,张新杰,郭松竹.图书馆资源建设管理与阅读服务研究[M].长春:吉林人民出版社,2021.

[16] 陶洁,胡琦,陈明.图书馆阅读推广与信息服务研究[M].哈尔滨:哈尔滨出版社,2020.

[17] 王慧,王鹏,张海兵,等.基于知识挖掘的衡阳市公共图书馆个性化智慧服务模式构建研究[J].经济师,2023(4):139-140.

[18] 王世伟.公共图书馆是什么[M].上海:上海社会科学院出版社,2010.

[19] 温颖."十四五"时期公共图书馆服务智慧模式构建研究[J].河南图书馆学刊,2022,42(6):18-20.

[20] 杨健龙.公共图书馆智慧资源建设与服务模式研究[J].参花(上),2023(8):92-94.

[21] 杨丽芬.智慧城市背景下公共图书馆微服务模式研究:以曲靖市图书馆为例[J].河南图书馆学刊,2022,42(4):26-28.

[22] 姚淑青.智慧环境下公共图书馆阅读服务模式构建及场景设计研究[J].河南图书馆学刊,2022,42(9):33-35.

[23] 张恺.公共图书馆智慧服务新模式实践研究[J].内蒙古科技与经济,2020(4):147-150.

[24] 张晓庆.新时期公共图书馆智慧发展模式与服务路径研究[J].河南图书馆学刊,2022,42(8):35-37.

[25] 郑辉,赵晓丹.现代公共图书馆智慧服务平台建构研究[M].长春:吉林人民出版社,2020.